Schriften des Vereins für Socialpolitik
Gesellschaft für Wirtschafts- und Sozialwissenschaften
Neue Folge Band 53

SCHRIFTEN
DES VEREINS FÜR SOCIALPOLITIK

Gesellschaft für Wirtschafts- und Sozialwissenschaften

Neue Folge Band 53

Wachstum, Einkommensverteilung und wirtschaftliches Gleichgewicht

VERLAG VON DUNCKER & HUMBLOT

BERLIN 1969

Wachstum, Einkommensverteilung und wirtschaftliches Gleichgewicht

Von

Ernst Helmstädter, Alfred E. Ott,
Wolfgang Stützel, Winfried Vogt

Herausgegeben von Gottfried Bombach

VERLAG VON DUNCKER & HUMBLOT
BERLIN 1969

Alle Rechte vorbehalten

© 1969 Duncker & Humblot, Berlin 41
Gedruckt 1969 bei Berliner Buchdruckerei Union GmbH., Berlin 61
Printed in Germany

Vorwort des Herausgebers

Der vorliegende Band enthält drei Referate, die auf Sitzungen des Theoretischen Ausschusses der Gesellschaft für Wirtschafts- und Sozialwissenschaften (Verein für Socialpolitik) am 28./29. 10. 1967 in Nagold (Schwarzwald) und am 20./21. 4. 1968 in Mainz diskutiert wurden. Das wachstumstheoretische Referat von W. *Vogt* ist von einer früheren, noch von W. *Krelle* geleiteten Sitzung übernommen worden.

Der Beitrag von A. E. *Ott* zeigt, daß es immer lohnt, ein altes, scheinbar längst gelöstes Problem erneut aufzugreifen. Die Diskussionen haben deutlich werden lassen, daß der Begriff eines gesamtwirtschaftlichen Gleichgewichts von Sparen und Investieren, und damit natürlich auch der Begriff des gleichgewichtigen Wachstums, erst dann einen Inhalt bekommt, wenn es gelingt, das *Keynes*sche Konzept des *freiwilligen Sparens* operationell zu gestalten. Aus den empirischen Beispielen geht hervor, daß für die Bundesrepublik Deutschland der Größenordnungen wegen eine Unterscheidung zwischen den nicht entnommen Gewinnen von Privatunternehmungen und den nicht verteilten Gewinnen der Kapitalgesellschaften unerläßlich ist. A. E. *Ott* hat sein Referat Erich *Preiser* gewidmet, dem wir entscheidende Beiträge zu dem Thema dieses Bandes verdanken und dessen Tod wir anläßlich der Nagolder Sitzung gedachten.

Es ergab sich, daß W. *Stützel* bereits zu einem viel früheren Zeitpunkt ein für den Theortischen Ausschuß bestimmtes Referat zum gleichen Problemkreis vorbereitet hatte, das damals jedoch nicht zur Diskussion kam. Wir haben W. *Stützel* dazu ermuntert, seinen Beitrag auf Grund der Nagolder Diskussionen zu überarbeiten und für die Veröffentlichung zur Verfügung zu stellen.

E. *Helmstädter* wurde durch das Gespräch in Nagold zu einem Diskussionsbeitrag angeregt, der schließlich zu einem selbständigen Referat geführt hat. Mit diesem Referat wird ein Thema wieder aufgegriffen, dem sich der Ausschuß stets ganz besonders gewidmet hat: die Verteilungstheorie. Wie üblich wurde darauf verzichtet, die Diskussionsvoten abzudrucken. Jedoch haben die Referenten bei der Überarbeitung ihrer Beiträge die geführten Auseinandersetzungen soweit wie möglich zu berücksichtigen versucht.

Basel, im Herbst 1969   *G. Bombach*

Inhaltsverzeichnis

Mehrdeutigkeiten beim Gebrauch der sogenannten Konsumfunktion
    Von *Wolfgang Stützel*, Scheidt/Saar 9

Sparen und Investieren — erneute Diskussion eines alten Problems
    Von *Alfred E. Ott*, Tübingen 27

Eine Erweiterung des Kaldor-Modells der Einkommensverteilung
    Von *Ernst Helmstädter*, Bonn 45

Fluktuationen in einer wachsenden Wirtschaft unter klassischen Bedingungen
    Von *Winfried Vogt*, Regensburg 61

Mehrdeutigkeiten beim Gebrauch der sogenannten Konsumfunktion*

Von *Wolfgang Stützel* (Scheidt/Saar)

Die Lehre von den Bestimmungsgründen der jeweiligen Höhe des monetären Volkseinkommens ist seit J. M. *Keynes* mit Recht in das Zentrum der Wirtschaftstheorie gerückt. Darstellungen dieser Lehre finden sich nicht nur in sehr vielen modernen Lehrbüchern, sondern ihre Ergebnisse werden auch in zahlreichen weiteren theoretischen Kapiteln, etwa bei der Analyse der Wirkung von Budgetänderungen und Außenhandelssalden, sowie in der Multiplikatortheorie verwendet. Diese Ergebnisse bilden das tägliche Handwerkszeug zahlreicher Konjunkturforschungsinstitute[1] und werden immer häufiger auch in Veranstaltungen zur wirtschaftswissenschaftlichen Volksbildung vorgetragen.

Prüfen wir nun aber — beispielsweise — eine der meistzitierten Darstellungen: P. A. *Samuelson* gibt in seinem populären Lehrbuch[2] gleich fünf einander gleichwertige[3], nur mit verschiedenen Veranschaulichungsbehelfen arbeitende Erläuterungen der genannten Lehre. Er geht — ganz richtig — davon aus[4], daß das Volkseinkommen von mehreren Seiten betrachtet werden kann, und zwar einmal als Verausgabung von Faktorkosten durch die Betriebe, sodann auch — von der Empfängerseite her — als Vereinnahmung dieser Beträge durch die Einkommensbezieher[5]. Gesamtwirtschaftlich gesehen, handelt es sich hier ja lediglich um zwei verschiedene Aspekte der (identisch) gleichen Transaktionen. Freilich teilt *Samuelson* schon bei seiner Erläuterung der Volkseinkom-

---

* Für tatkräftige und sachkundige Hilfe bei der Überarbeitung des Manuskripts schulde ich besonderen Dank Herrn Diplomvolkswirt Elmar *Kowalski* vom Institut für angewandte Wirtschaftsforschung Tübingen (Direktor Professor Dr. Alfred *Ott*).

[1] Interessanterweise macht das Deutsche Institut für Wirtschaftsforschung in seinen Konjunkturanalysen kaum von den genannten Ergebnissen der Lehrbuchdarstellungen Gebrauch, sondern fast ausschließlich von der (älteren) Formel aus *Keynes'* „Treatise on Money": $Q = J_u + C_u - S_{nu}$.

[2] *Samuelson*, Paul A.: Economics, An Introductory Analysis, 7th ed., New York, St. Louis, San Francisco..., 1967.

[3] Wir werden sehen: ... mit denselben Mängeln behaftete...

[4] *Samuelson*, Paul A.: a.a.O., S. 171 f.

[5] Das ist die bekannte Betrachtung nach a) Entstehung und b) Verteilung des Volkseinkommens. Die dritte Betrachtungsweise — nach der Verwendung des Volkseinkommens — zieht *Samuelson* (a.a.O., S. 171 f.) ebenfalls heran.

menssstatistik[6] die Gesamtwirtschaft zwecks Veranschaulichung in zwei Bereiche, nämlich die „Wirtschaft" (business), von der die produktiven Kräfte (Dienste) in Anspruch genommen und entlohnt werden, und die „Öffentlichkeit" (public), welche die Einkommen verwendet. Wir werden sehen, wie Samuelson diese „Öffentlichkeit" stillschweigend bald als die Gesamtheit, bald aber lediglich als eine Gruppe der Einkommensbezieher behandelt und durch diese quaternio terminorum in Verbindung mit weiteren Unschärfen der Darstellung mehrere ganz verschiedenartige Aussagen miteinander vermengt[7].

Betrachten wir z. B. seinen dritten (arithmetischen) Weg zur Erklärung der Determinanten des Volkseinkommens. Samuelson gibt folgende Tabelle[8]:

(1)	(2)	(3)	(4)	(5)	(6)	(7)
Levels of NNP and DI	Scheduled Consumption	Scheduled or planned or maintainable saving (3)=(1)−(2)	Scheduled or planned or maintainable investment	Expense incurrable by business to produce NNP (5)=(1)	Scheduled spending that would permanently come back to businesses (6)=(2)+(4)	Resulting tendency of income
A	980	860	120	60	980	> 920	Contraction
B	890	800	90	60	890	> 860	Contraction
C	800	740	60	60	800	= 800	Equilibrium
D	710	680	30	60	710	< 740	Expansion
E	620	620	0	60	620	< 680	Expansion
F	530	560	− 30	60	530	< 620	Expansion

---

[6] A.a.O., S. 170 ff.
[7] Die Unschärfe findet sich freilich schon bei Keynes (The General Theory of Employment, Interest and Money, London 1936, S. 117), wo es heißt: „An increment of investment in terms of wage-units cannot occur unless *the public* (Hervorhebung von mir, W. S.) are prepared to increase their savings in wage-units". Interpretiert man *the public* als „Gesamtwirtschaft", dann läuft der Satz auf die triviale Feststellung hinaus, daß der Vermögenszuwachs (pro Periode) in der Gesamtwirtschaft nicht steigen kann, ohne daß die Einzelwirtschaften insgesamt per Saldo ihren Vermögenszuwachs vergrößern. Faßt man *the public* aber als „Teil der Gesamtwirtschaft" auf (etwa als Gruppe der Bezieher kontraktbestimmter Einkommen), dann ist er falsch; denn die Möglichkeit einer sich innerhalb des Unternehmensbereichs vollkommen selbst finanzierenden Investition kann nicht a priori ausgeschlossen werden.
[8] *Samuelson*, Paul A.: a.a.O., S. 217; das Volkseinkommen (NNP = Net National Product) ist in dem einfachen Modell, das der Tabelle zugrunde liegt, gleich dem verfügbaren Einkommen (DI = Disposable Income), weil von ökonomischer Aktivität des Staates und von außenwirtschaftlichen Beziehungen abstrahiert wird.

1. Interpretationsversuch

Konsumfunktion als Verhältnis effektiver Gesamteinkommen zu effektiven gesamten Konsumausgaben (vgl. hierzu Bild 1)

Interpretieren wir zunächst (1) als tatsächliches Volkseinkommen einer Periode, (2) als tatsächliche Verbrauchsausgaben derselben Periode, (3) als tatsächliche Ersparnis dieser Periode und (4) als tatsächliche (Netto-)Investitionsausgaben derselben Periode. Man sieht sofort, daß bei dieser Interpretation die Tabelle einen inneren Widerspruch enthielte; denn die Gesamtausgaben für Konsum (2) und Investition (4) der laufenden Periode wären z. B. im Fall A (Zeile 1) 860 + 60 = 920, also niedriger als die Gesamteinkommen der laufenden Periode (980), was offenbar für die Gesamtheit der Wirtschaftssubjekte unmöglich ist. Im Sinne unserer ersten Interpretation ist nur der Fall C (Zeile 3) möglich, weil allein konsistent.

2. Interpretationsversuch

Konsumfunktion als Verhältnis effektiver Einkommen der „Öffentlichkeit" zu effektiven gesamten Konsumausgaben (vgl. Bild 2)

Wir teilen die Gesamtwirtschaft in zwei Gruppen: a) die „Wirtschaft", b) die „Öffentlichkeit"[9]. (5) seien die von der „Wirtschaft" während einer Periode effektiv an die „Öffentlichkeit" ausgegebenen Beträge. Dann ist (1) die Summe der von der „Öffentlichkeit" tatsächlich bezogenen Einkommen. Sind weiterhin (2) die während dieser Periode von der „Öffentlichkeit" tatsächlich vorgenommenen Verbrauchsausgaben, so ist (3) der tatsächliche Einnahmenüberschuß der „Öffentlichkeit". Nimmt man nun an, daß (4) die Summe der tatsächlichen Netto-Investitionsausgaben der Wirtschaft in der laufenden Periode sein soll, dann sind die im Schema verbuchten Gesamtausgaben der „Wirtschaft" im Fall A (1. Zeile): 980 (an die „Öffentlichkeit") + 60 (Netto-Investitionen) = 1040. Die Gesamteinnahmen der „Wirtschaft" betragen 860 (Verkauf von Verbrauchsgütern) + 60 (Verkauf von Investitionsgütern) = 920. 1040 − 920 ist der Ausgabenüberschuß der „Wirtschaft". Er ist — wie man sieht — gleich groß wie der Einnahmenüberschuß der „Öffentlichkeit", d. i. (3). Für das gesamte Volkseinkommen erhielten wir bei dieser Interpretation allerdings einen anderen Betrag als *Samuelson*. Wir hätten nämlich folgende Bestandteile:

---

[9] Vgl. *Samuelson*, Paul A.: a.a.O., S. 171 und 219. Synonym zu „the public" gebraucht *Samuelson* auch die Bezeichnungen „community", „families", „consumers" und „people". Erich *Schneider* spricht in seinen analogen Darstellungen in: Einführung in die Wirtschaftstheorie, III. Teil, 9. erw. und verb. Aufl., Tübingen 1965, S. 122 ff., von der Gesamtheit der „Haushalte".

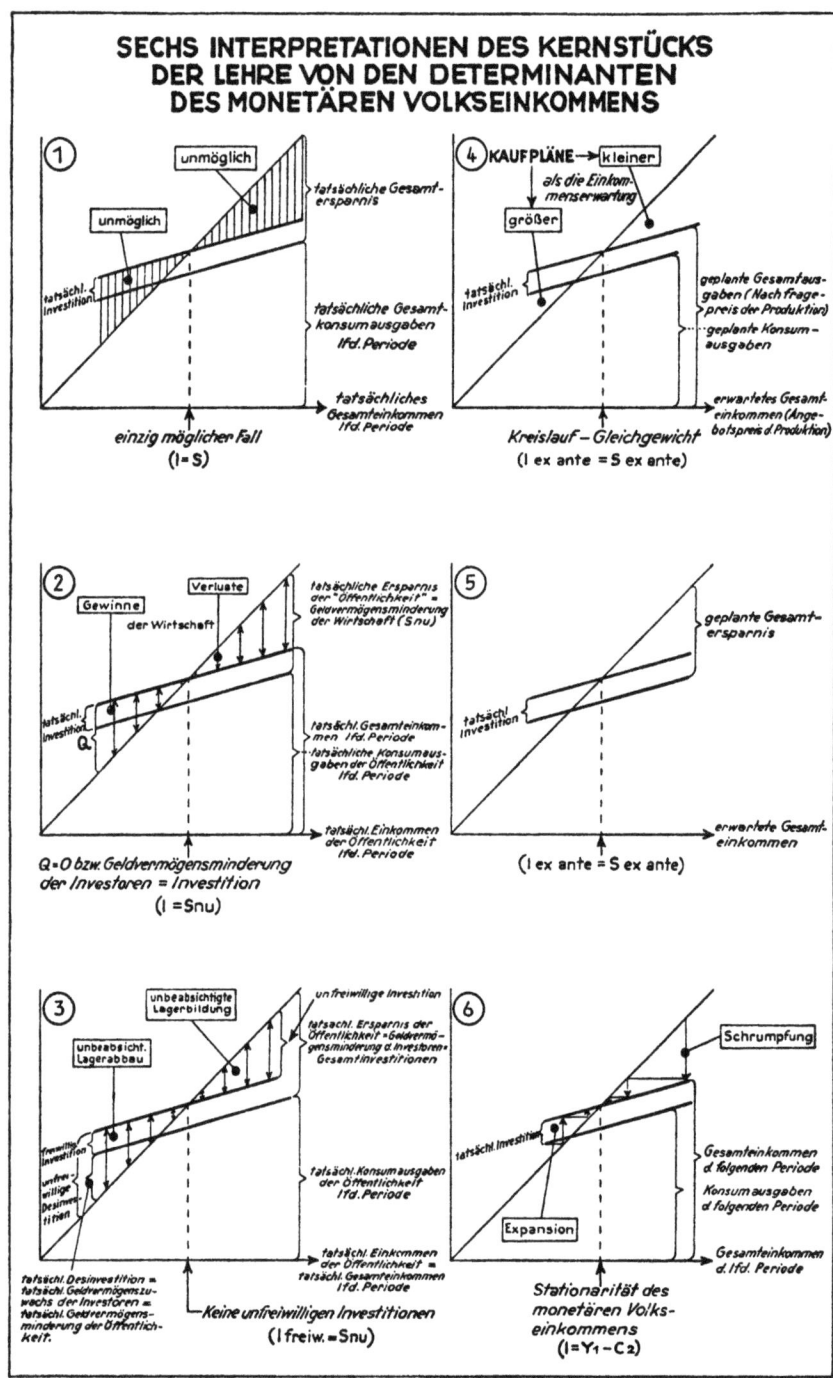

a) Einkommen der „Öffentlichkeit"	980	Konsum-	860
b) Einkommen der „Wirtschaft"		ausgaben	
aa) Sachvermögenszuwachs	+ 60	Investitions-	
bb) Geldvermögensminderung	− 120 − 60	ausgaben	60
	920		920

Immerhin erhalten wir bei dieser Deutung ein praktisches Ergebnis, das dem *Samuelson*schen sehr nahe kommt.

In einer Lage gemäß dieser Interpretation, d. h. wenn die „Öffentlichkeit" bei einem Einkommen von 980 nur 860 für Konsum ausgäbe, erlitte nämlich die „Wirtschaft" ein Erlösdefizit (Ausgabenüberschuß) von 120. Verluste könnte sie nur dann vermeiden, wenn dieser Geldvermögensminderung von 120 ein wenigstens gleich großer Sachvermögenszuwachs gegenüberstünde, wenn sie also (als Gesamtheit) 120 oder mehr für Netto-Investitionen ausgäbe.

Allerdings enthielte *Samuelsons* Darstellung, so interpretiert, den Fehler, daß sie „Einkommen der Öffentlichkeit" mit „Gesamteinkommen" und die herangezogene Sparfunktion (tatsächliche Konsumausgaben der „Öffentlichkeit" in Abhängigkeit von *ihrem* tatsächlichen Einkommen) mit der *gesamt*wirtschaftlichen Sparfunktion verwechselte, während es sich hier in Wirklichkeit nur um die Sparfunktion einer Gruppe, nämlich der „Öffentlichkeit" handelt[10].

Bei dieser Interpretation wäre die ganze Ableitung allerdings keine „Gleichgewichtsanalyse", sondern lediglich eine explizite Darstellung der rein aus den Definitionen für Einkommen ableitbaren einfachen Größenbeziehung aus *Keynes* „Treatise" ($Q = J_u + C_u - S_{nu}$).

3. Interpretationsversuch

Zusatzannahme: „Geldersparnis der Nicht-Investoren = Investition" (vgl. Bild 3)

Es sollen die gleichen Definitionen gelten wie unter Nr. 2 — mit einer Ausnahme: (4) seien jetzt lediglich die beabsichtigten Investitionsausgaben, daneben gebe es auch „unfreiwillige Investitionen".

---

[10] Die entsprechende Interpretation der übrigen (graphischen) Darstellungsmethoden *Samuelsons* ist leicht möglich: Man muß dazu nur in seinen Schaubildern 12-3, 12-4 und 12-5 (a.a.O., S. 214 ff.) die Bezeichnung „NNP" (Volkseinkommen) durch „Einkommen der Öffentlichkeit" ersetzen und präzise angeben, daß die Konsumfunktion in der genannten Weise interpretiert werden soll. Das Volkseinkommen wäre dann in Fig. 12-3 (a.a.O., S. 214) gleich der Summe der Strecken *OM* + *ME*, in Fig. 12-4 (a.a.O., S. 215) gleich dem jeweiligen Abstand der Kurve „C + J" von der (neu bezeichneten) Abszisse, in Fig. 12-5 (a.a.O., S. 218) gleich dem „Verbrauch" zuzüglich „Abstand der J-Kurve von der Abszisse". Die Verluste bzw. Gewinne der „Wirtschaft" wären in Fig. 12-3 durch den Abstand zwischen S-Kurve und J-Kurve, in Fig. 12-4 durch den (senkrechten) Abstand der „C + J"-Kurve von der 45°-Linie und in Fig. 12-5 genau wie in Fig. 12-3 abgebildet.

Schon unter Nr. 2 war die triviale Größenbeziehung J ex post = S ex post selbstverständlich erfüllt, sobald man sie — wie wir es oben taten — als Gesamt*sach*vermögenszuwachs (J) = Gesamtvermögenszuwachs interpretierte; denn die Geldersparnis (Einnahmenüberschuß) einer Gruppe (hier: der „Öffentlichkeit") geht stets mit einer negativen Geldersparnis (Ausgabenüberschuß) ihrer Komplementärgruppe (hier: der „Wirtschaft") einher. Bei der Summierung bleibt nur der Sachvermögenszuwachs auf beiden Seiten der Gleichung.

Jetzt wollen wir aber der Formel $J = S$ absichtlich einen ganz anderen Sinn geben: Wir fassen S nicht als Vermögenszuwachs (Summe aus Geldvermögensänderung + Sachvermögensänderung) auf, sondern als „Geldersparnis S' der Öffentlichkeit". Das ist gleichwertig mit der Aussage, S' sei der Betrag der Geldvermögensumschichtung von der „Wirtschaft" zur „Öffentlichkeit". Wir fordern — völlig willkürlich —, daß die Investition (J ex post) genau gleich dem Betrag dieser Geldvermögensumschichtung (S' ex post) sein soll. Gemäß dieser Annahme müssen z. B. im Fall A *ex definitione* unfreiwillige Investitionen in Höhe von 60 entstanden sein. Für das Volkseinkommen ergibt sich dann:

a) Einkommen der „Öffentlichkeit"		980	Konsumausgaben 860
b) Einkommen der „Wirtschaft"			Investitionsausgaben
aa) Sachvermögenszuwachs			
aaa) freiwillig	60		freiwillig 60
bbb) unfreiwillig	60		unfreiwillig 60
bb) Geldvermögensminderung	− 120		
zusammen		0	0
Volkseinkommen insgesamt		980	980

Wir erhalten also ziemlich genau das *Samuelson*sche Ergebnis. Zugleich besteht in diesem Fall kein Unterschied zwischen der „Öffentlichkeit" und der Gesamtheit der Einkommensbezieher; dies jedoch nur, weil hier — dank willkürlicher Annahme — der Sachvermögenszuwachs der Investoren (der „Wirtschaft") gerade gleich deren Geldvermögensminderung ist und folglich die „Wirtschaft" keinerlei Einkommen bezieht.

Wie kommen wir aber zu der willkürlichen Forderung, daß die Investitionen gerade gleich der Geldvermögensumschichtung von den Investoren zu den Nicht-Investoren sein soll?

Samuelson führt u. a. ein Beispiel an, in dem — wie etwa in den Fällen D bis F der Tabelle — die Geldersparnis der „Öffentlichkeit" (= Geldvermögensumschichtung von der „Wirtschaft" zur „Öffentlichkeit") kleiner ist als die beabsichtigte Investition[11]: Die Wirtschaft sei

---

[11] *Samuelson*, Paul A.: a.a.O., S. 214.

in diesem Fall von der geringen Spartätigkeit überrascht und könne ihre Produktion nicht sofort ausdehnen, so daß sich „automatisch" unfreiwillige Lagerdesinvestitionen in Höhe der Differenz zwischen beabsichtigter Investition und Geldersparnis der Nicht-Investoren ergäben. Das ist eine höchst seltsame Annahme, denn die moderne Lehre ging ja — worauf auch *Samuelson* hinweist[12] — gerade davon aus: Es besteht *keine* Garantie dafür, daß die Veränderung der Geldersparnis irgendeiner Gruppe ebenso groß ist wie die gleichzeitige Veränderung der Sachvermögensbestände. Es wäre auch sehr sonderbar, wenn der Sachvermögenszuwachs einer Wirtschaft gerade gleich hoch wäre wie irgendein Geldersparnisbetrag, d. h. irgendein Betrag der gleichzeitigen Geldvermögensumschichtung. Welche Gruppeneinteilung soll man überhaupt treffen, um jene Geldvermögensumschichtung zu messen, die stets gerade gleich dem gesamten freiwilligen und unfreiwilligen Sachvermögenszuwachs sein soll? Die Versuche, diese angeblich notwendige Größengleichheit zwischen S' im Sinne einer Geldersparnis (also einer Geldvermögensumschichtung), und dem Sachvermögenszuwachs nachzuweisen („die Güter stauen sich auf Lager"), sind von Gegnern der „modernen Theorie" mit Recht als „billige Sprüchlein" abgetan worden. Es kann also sehr gut sein, daß die „unfreiwillige Investition" im Falle A z. B. nur 20 beträgt, dann wäre das Volkseinkommen nur 940. Die tatsächliche Gesamtinvestition 80 und die tatsächliche Geldersparnis der „Öffentlichkeit" 120.

Immerhin sieht man: Wenn wir annähmen, daß *Samuelson* seiner Ableitung neben der trivialen Größengleichheit $J = S$ auch noch die willkürliche Forderung „Sachvermögenszuwachs = Geldvermögensumschichtung von der Wirtschaft zur Öffentlichkeit" zugrunde legt, kämen wir zu einer widerspruchslosen Auslegung der Tabelle. Allerdings enthielte die Ableitung auch bei dieser Interpretation noch keine Gleichgewichtsanalyse. Es handelt sich auch hier nur um eine explizite Darstellung trivialer Größenbeziehungen, freilich nun unter der — willkürlichen — Nebenbedingung, daß die gesamte Investition stets genau gleich der Geldvermögensumschichtung von der „Wirtschaft" zur „Öffentlichkeit" sein soll. Zieht man außer der Tabelle auch die verbale Erläuterung heran, so bleibt auch nach dieser Interpretation ein noch nicht geklärter Rest: Die Verwendung der Ausdrücke „Gleichgewicht" und „*beabsichtigte* Spartätigkeit". Weiterhin kann man aus den in dieser Interpretation zugrundegelegten Prämissen noch nicht auf „Schrumpfungs- und Expansions*prozesse*" schließen. Dazu bedürfte es vielmehr noch zusätzlicher Annahmen, etwa der, daß die gesamten Konsum- und Investitionsausgaben einer folgenden Periode stets umso niedriger werden, je höher die unfreiwilligen Investitionen der laufenden Periode sind.

---

[12] *Samuelson*, Paul A.: a a O., S. 196 f., 212 und 220.

4. Interpretationsversuch[13]

Konsumfunktion als Verhältnis erwarteter Gesamteinkommen zu geplanten Konsumausgaben (vgl. Bild 4)

(1) sei jetzt die Summe der von der Gesamtheit aller Einkommensbezieher für die folgende Periode *erwarteten* Einkommen, (2) die Summe der auf Grund dieser Einkommenserwartungen *beabsichtigten* Konsumausgaben. Dann ist (3) die Differenz zwischen erwarteten Einkommen und beabsichtigten Konsumausgaben. Wird außerdem (4) als Niveau der beabsichtigten Investitionsausgaben verstanden, so gibt (6) die tatsächliche Höhe des Volkseinkommens an, die dann resultierte, wenn die beabsichtigten Verbrauchsausgaben (2) und Investitionsausgaben (4) zum Zuge kämen.

Für diese Interpretation spricht, daß *Samuelson* häufig den Ausdruck „Gleichgewicht" verwendet und ausdrücklich darauf hinweist, daß die in seiner Darstellung verwendeten Größen nicht statistisch gemessen werden können[14]. Gleichgewicht aber ist — moderner Terminologie zufolge — Kongruenz von *Plänen* bzw. *Erwartungen* verschiedener Einzelwirtschaften, und zwar von solchen Plänen, die zu ihrer Verwirklichung aufeinander angewiesen sind. Interpretieren wir so, dann *erweist* sich Fall C (3. Zeile) in der Tat als Gleichgewichtsfall[15].

Auf Grund der Einkommenserwartung (1) = 800 werden Konsumausgaben von (2) = 740 geplant; dazu (4) = 60 an Investitionsausgaben. Werden die Pläne durchgeführt, dann sind die faktischen Einkommen $(J + C)$ gleich den erwarteten.

Prüfen wir aber, was sich bei dieser Interpretation z. B. für den Fall F (6. Zeile) ergibt. Bei einer Einkommenserwartung von 530 werden Konsumausgaben in Höhe von 560 und Investitionsausgaben in Höhe von 60

---

[13] Vgl. hierzu *Schneider*, Erich: a.a.O., S. 130 ff.; seine dortige Darstellung der Determinanten des Volkseinkommens entspricht genau dieser Interpretation Nr. 4.
[14] Vgl. *Samuelson*, Paul A.: a.a.O., S. 219 (Fußnote).
[15] Bei der Interpretation Nr. 1 war Fall C kein Gleichgewichtsfall, sondern der einzige überhaupt mögliche Fall. Bei Interpretation Nr. 2 war Fall C ebenfalls kein Gleichgewichtsfall, sondern der Fall, in dem der Sachvermögenszuwachs der Wirtschaft zufällig gleich der Geldvermögensumschichtung von der „Wirtschaft" zur „Öffentlichkeit" war und infolgedessen die „Wirtschaft" weder Gewinne noch Verluste hatte. Bei Interpretation Nr. 3 war Fall C dadurch ausgezeichnet, daß man keine unfreiwilligen Investitionen einführen mußte, um die willkürliche Zusatzbedingung „Sachvermögenszuwachs der Wirtschaft gleich Geldvermögensumschichtung von der Wirtschaft zur Öffentlichkeit" zu erfüllen. Ob man diesen Fall als Gleichgewichtsfall bezeichnen will, ist — worauf auch V. F. *Wagner* in: Sparen und Vollbeschäftigung, Zeitschrift für Nationalökonomie XIV (1954), S. 389 hinweist — Definitionsfrage. Da bei der Interpretation Nr. 3 nicht von Konsum-Plänen, sondern von effektiven Konsumausgaben die Rede ist, fällt er jedenfalls nicht unter die oben genannte Definition von Gleichgewicht.

geplant. Sollten diese Ausgabepläne zum Zuge kommen, dann wäre wiederum (6) der Betrag der faktischen Einnahmen aus Konsum- und Investitionsgüterverkauf, also auch der Betrag des faktischen Volkseinkommens. Wir erhalten damit folgendes Ergebnis:

Sofern die Wirtschaftssubjekte mehr auszugeben planen, als sie an Einkommen erwarten, *und mit diesen Ausgabeplänen zum Zuge kommen*, werden ihre faktischen Einkommen höher sein als die erwarteten.

Samuelson will aber viel mehr beweisen. Er will beweisen, daß sich aus dieser Lage heraus ein *Prozeß* der „Ausweitung des Volkseinkommens" entwickelt[16].

Dazu müßte er aber erst einmal zeigen, weshalb gerade die größeren Ausgabe-(Kauf-)Pläne zum Zuge kommen sollen und nicht die niedrigeren Einkommenserwartungen (Verkaufserwartungen). Er müßte außerdem zeigen, wie sich die Einkommenserwartungen der folgenden Periode zu den Einkommenserwartungen der laufenden Periode verhalten. Denn selbst wenn er Gründe angegeben hätte, die dafür sprechen, daß in einer kapitalistischen Marktwirtschaft bei einer Divergenz zwischen Kaufplänen und Verkaufserwartungen eher die Kaufpläne als die Verkaufserwartungen erfüllt werden, könnte er aus den Prämissen noch nicht auf Schrumpfungs- oder Expansions*prozesse* schließen.

Solange die Konsumfunktion lediglich das Verhältnis zwischen erwarteten Einkommen und geplanten Konsumausgaben darstellt, kann man in Verbindung mit der — bislang freilich unbegründeten — These, daß stets die Ausgabenpläne zum Zuge kommen werden, höchstens feststellen:

Wenn die Einkommenserwartungen im Zeitverlauf steigen, werden die tatsächlichen Einkommen auch steigen, und zwar genau in dem Maße, wie die größeren Erwartungen ihren Niederschlag in höheren Ausgabeplänen finden. Analoges gilt für den Fall sinkender Einkommenserwartungen.

Sobald die Konsumfunktion die übliche Form hat, bei der den höheren (niedrigeren) Einkommenserwartungen nur unterproportional höhere (niedrigere) Konsumpläne zugeordnet sind, können wir — in Verbindung mit der genannten, noch unbegründeten These vom ursächlichen Vorrang der Ausgabepläne — allenfalls aussagen, daß sowohl Optimismus als auch Pessimismus der Wirtschaftssubjekte stets eine gewisse, wenngleich nur teilweise Bestätigung finden werden. Mehr kann diese Konsumfunktion nicht leisten.

---

[16] Ebenso wollte *Schneider* in einer älteren Auflage seines Lehrbuchs (vgl. *Schneider*, Erich: Einführung..., III. Teil, *2. Aufl. 1953*, S. 98—100) schon aus der *statischen* Konsumfunktion auf Expansions- bzw. Kontraktionsprozesse schließen, was nicht möglich ist. Dagegen findet sich in der *9. Aufl., 1965* (a.a.O., S. 132) innerhalb der statischen Analyse nur noch einmal die Bemerkung, ein Ungleichgewichts-Einkommen könne „nicht bestehen bleiben".

Auf einen faktischen Schrumpfungs- oder Expansionsprozeß könnten wir — wie erwähnt — erst dann schließen, wenn wir wüßten, wie sich die Erwartungen der einen Periode zu denen der nächsten verhalten. Das ist aber im Rahmen einer statischen Gleichgewichtsanalyse, als die wir hier (unter Nr. 4) das *Samuelson*sche Räsonnement auffassen, grundsätzlich unmöglich.

So sehen wir: Bei dieser Interpretation werden wir zwar all jenen Stellen der *Samuelson*schen Darstellung gerecht, in denen er von „Absichten" und „Gleichgewicht" spricht. Wir werden auch jenen Stellen gerecht, in denen er die Einkommensbestimmung mit der Bestimmung der tatsächlichen Umsätze und Preise aus Angebots- und Nachfragefunktionen (Verhältnis zwischen erwarteten und geplanten Angebotsbzw. Nachfragemengen) vergleicht und auf die Unmöglichkeit der statistischen Erfassung der verwendeten Sparfunktion verweist[17]. Wenn wir diese Interpretation jedoch konsequent durchführen, gilt für das ganze *Samuelson*sche Ergebnis („Schrumpfung", „Expansion") ein glattes „non sequitur".

5. Interpretationsversuch

Sparfunktion als Verhältnis erwarteter Einkommen zu geplanter Gesamtersparnis (vgl. Bild 5)

(1) sei die Summe der von der Gesamtheit aller Einkommensbezieher für die folgende Periode erwarteten Einkommen. (2) seien wiederum die geplanten Konsumausgaben, (3) hingegen sei nun nicht lediglich die Differenz zwischen erwarteten Einkommen und geplanten Konsumausgaben, sondern die *geplante Ersparnis* der Gesamtwirtschaft. (4) sei die *geplante Investition*. Es besteht nun eine Konkurrenz zwischen Konsum- und Sparplänen, wobei fraglich ist, welche Pläne dominieren sollen. Nähme man an, die Wirtschaftssubjekte kämen stets mit ihren Konsumplänen zum Zuge, dann ergäbe sich genau dasselbe wie unter Nr. 4. Nähme man andererseits an, die Wirtschaftssubjekte seien bestrebt, auf alle Fälle zunächst ihre Sparpläne zu verwirklichen, so erhielte man eine sehr eigenartige Konsequenz: Sobald die Pläne zur Erzielung eines Vermögenszuwachses insgesamt größer sind als die Pläne zur Erzielung eines Sachvermögenszuwachses (Investitionspläne), d. h., wenn die Geldersparnispläne in der Gesamtwirtschaft per Saldo größer sind als 0 *und diese Sparpläne vor den Konsumplänen Vorrang haben sollen*, so folgt aus den Prämissen, daß in der Periode, auf die sich diese Pläne beziehen, das Volkseinkommen überhaupt nur gleich den Investitionsausgaben (60) sein wird; denn die Wirtschaftssubjekte werden mit Konsum-

---
[17] Vgl. *Samuelson*, Paul A.: a.a.O., S. 219 (Fußnote).

ausgaben warten, bis sie ihre Sparpläne erfüllt haben, eine Erfüllung dieser Sparpläne ist aber überhaupt unmöglich[18]. Das ist ein offenbar recht törichtes Ergebnis, so daß wir diese Art der Interpretation außer Betracht lassen können.

6. Interpretationsversuch

Konsumfunktion als Verhältnis laufender Einkommen zu künftigen Konsumausgaben (dynamische Konsumfunktion) (vgl. Bild 6)

(1) sei die Summe der von der Gesamtheit aller Einkommensbezieher in der laufenden Periode tatsächlich bezogenen Einkommen Y_0 (Volkseinkommen). (4) seien die gleichbleibenden tatsächlichen Investitionsausgaben; (2) aber sei die Summe der „auf Grund" der faktischen Einkommen Y_0 für die folgende Periode geplanten und in der folgenden Periode tatsächlich vorgenommenen Konsumausgaben C_1 [19].

Wir wollen untersuchen, wie das Theorem lautet, wenn wir nun die Konsumfunktion dynamisch interpretieren, d. h. als eine Funktion, durch die eine Beziehung zwischen Variablen verschiedener Perioden hergestellt wird. Für diese Interpretation spricht, daß *Samuelson* offenbar aus den gewählten Prämissen auf Schrumpfungs- und Expansionsprozesse schließt, was bei den bisherigen Interpretationen nicht möglich war.

Die der Tabelle zugrunde gelegte Konsumfunktion lautet:

$$C = {}^2/_3 Y + 206\, {}^2/_3$$

Interpretiert man sie in der genannten Weise, dann heißt sie:

$$C_1 = {}^2/_3 Y_0 + 206\, {}^2/_3$$

Wir müssen nun bedenken: Ein laufendes Einkommen Y_0 ergibt sich bei laufenden Investitionsausgaben $J = 60$ nur dann, wenn die Konsumausgaben der *laufenden* Periode

$$C_0 = Y_0 - 60$$

---

[18] Wären umgekehrt die Gesamtsparpläne kleiner als die Investitionspläne, so wüchsen die Konsumausgaben der folgenden Periode und damit auch die Einkommen der folgenden Periode, auf die sich diese Pläne beziehen, über alle Maßen, da sich die Investoren in diesem Fall — bei konsequenter Durchführung der Annahmen — durch Mehrausgaben mehr verschulden wollen, als sie überhaupt können, wenn die übrigen Wirtschaftssubjekte keine größeren Einnahmeüberschüsse (Ersparnisse) hinnehmen wollen.
[19] Dieser Interpretation entspricht die Darstellung bei *Schneider*, Erich: Einführung..., III. Teil, 9. Aufl., 1965, S. 135 ff.

sind. Daraus folgt: die *Samuelson*sche Konsumfunktion impliziert für den speziellen Fall $J = 60$, also $Y_0 = C_0 + 60$ die Annahme:

$$C_1 = {}^2/_3 (C_0 + 60) + 206\ {}^2/_3$$

oder auch:

$$C_1 = {}^2/_3\, C_0 + 246\ {}^2/_3$$

Das bedeutet, wenn wir es etwas anschaulicher formulieren, daß man annimmt:

a) Sind die *laufenden* Konsumausgaben z. B. $C_0 = 740$, dann sind die Konsumausgaben der *folgenden* Periode

$$C_1 = {}^2/_3 \cdot 740 + 246\ {}^2/_3 = 740$$

d. h. ebenfalls 740.

b) Sind die Konsumausgaben einer laufenden Periode um d Einheiten höher als 740, also

$$C_0 = 740 + d$$

dann sind die Konsumausgaben der *folgenden* Periode

$$C_1 = {}^2/_3 (740 + d) + 246\ {}^2/_3 = 740 + {}^2/_3\, d$$

d. h. nur noch um ${}^2/_3\, d$ höher als 740, also um ${}^1/_3$ niedriger als in der laufenden Periode.

c) Sind umgekehrt die laufenden Konsumausgaben um d niedriger als 740, dann sind die folgenden Konsumausgaben nur noch um ${}^2/_3\, d$ niedriger als 740, also um ${}^1/_3\, d$ höher als in der laufenden Periode.

Die *Samuelson*sche Konsumfunktion impliziert also — bei dieser, oben definierten Deutung als dynamische Funktion — die Annahme:

Weichen die Konsumausgaben einer laufenden Periode um d Einheiten von 740 ab, dann weichen die Konsumausgaben der folgenden Periode nur noch um ${}^2/_3\, d$ Einheiten von 740 ab.

Gefolgert wird hieraus: Die Konsumausgaben werden so lange fallen (steigen) bis sie 740 erreicht haben. In Verbindung mit der Annahme, daß die Investitionsausgaben konstant 60 bleiben sollen, ergibt sich, daß das Volkseinkommen (= Konsum + Investitionsausgaben) solange sinkt (steigt), bis es das Niveau von 800 erreicht hat.

An der Richtigkeit einer derartigen Folgerung ist nicht zu zweifeln. Aus solchen Verhaltensannahmen kann man natürlich auf Schrumpfungs- und Expansionsprozesse schließen. *Um welchen Preis aber? Um keinen geringeren Preis, als daß nunmehr dasjenige, was als „Sparneigung"[20] bezeichnet wird, nichts, aber auch gar nichts mehr mit irgendwelchen Ersparnissen zu tun hat.*

Die Annahme über die Größe der „Sparneigung" (3) ist also keine Annahme über die Höhe der tatsächlichen Ersparnisse oder das Verhältnis tatsächlicher oder erwarteter Einkommen zu tatsächlichen Ersparnissen. Sie ist vielmehr nur eine Annahme darüber, wie stark die Konsumausgaben der folgenden Perioden jeweils von den Gesamtausgaben für Konsum und Investition (= Volkseinkommen) der laufenden Periode abweichen werden.

Ergibt sich z. B. aus der „Sparfunktion", daß diese „Sparneigung" (S'') bei einem bestimmten Einkommensniveau größer ist als die Investition (J), dann besagt das nicht etwa:

Wir nehmen an, daß bei diesem Einkommensniveau mehr gespart als investiert wird.

Es bedeutet vielmehr lediglich:

Wir nehmen an, daß immer, wenn dieses Einkommensniveau erreicht wird, die Konsumausgaben in der folgenden Periode um $S'' - J$ kleiner sein werden als in der laufenden Periode[21].

Das Theorem reicht also *nicht* aus, um etwa einen Zusammenhang zwischen einer übergroßen Spartätigkeit und einem Rückgang des Volkseinkommens zu beweisen. Es reicht nur aus, folgende Feststellung zu treffen:

Angenommen a) die Konsumausgaben der folgenden Perioden seien stets um $1/3$ ($C_0 - 740$) niedriger (höher) als die Konsumausgaben der laufenden Perioden,

b) die Investitionsausgaben seien gleichbleibend 60,

dann ist auch die Summe aus Konsum + Investitionsausgaben (= Volkseinkommen) in folgenden Perioden stets um $1/3$ ($C_0 - 740$) niedriger (höher) als in der laufenden Periode[22].

---

[20] *Scheduled saving* bzw. *planned saving*.
[21] Es ist nämlich $S'' = Y_0 - C_1$ und $J = Y_0 - C_0$, also: $S'' - J = C_0 - C_1$.
[22] Zuweilen (vgl. z. B. *Samuelson*, Paul A.: a.a.O., S. 229 f. und *Schneider*, Erich: a.a.O., 9. Aufl., 1965, S. 155) wird in einem solchen Fall von einer „deflatorischen Lücke" gesprochen, was freilich nicht mehr besagt, als daß immer, wenn (annahmegemäß) die Konsumausgaben in der folgenden Periode niedriger sein werden als in der laufenden, die Summe aus Konsum- und Investitionsausgaben (= Volkseinkommen) nur dann gleich bleiben kann, wenn die Einschränkung der Konsumausgaben durch eine ebenso große Erhöhung der Investitionsausgaben kompensiert wird.

Das ist aber offenbar eine Feststellung, deren etwas komplizierte Form nicht darüber hinwegtäuschen kann, daß sie — von der in Klammern beigefügten Gleichsetzung der Summe aus Konsum- und Investitionsausgaben mit dem Volkseinkommen, d. h. einer trivialen gesamtwirtschaftlichen Größenbeziehung, abgesehen — tautologisch ist.

Daß die Kenntnis der Konsum- und Investitionsausgaben einer Volkswirtschaft während einer Periode ausreichen würde, um auch schon das Gesamteinkommen während dieser Periode zu kennen, ergibt sich bereits aus der trivialen Größenbeziehung $Y = J + C$. Daß man durch geeignete Annahmen, denen zufolge die gesamten Konsumausgaben nach Überschreiten einer bestimmten Höhe im Zeitverlauf sinken, nach Unterschreiten dieser Höhe aber steigen sollen, ein Niveau definieren kann, bei dem ein derartiger Prozeß von Schrumpfung oder Expansion zum Stillstand kommt, dürfte keine besonders fruchtbare wirtschaftswissenschaftliche Erkenntnis sein.

Das für die Erklärung tatsächlicher Volkseinkommensschwankungen Wesentliche aber, weshalb nun gerade stets die Konsum*ausgaben-Pläne* zum Zuge kommen werden, weshalb also die Investitions*ausgaben* und Konsum*ausgaben* einer Periode das Volkseinkommen dieser Periode determinieren und nicht umgekehrt das Einkommen die Höhe der fraglichen Ausgaben, bleibt bei dieser Interpretation genauso unerörtert wie bei der Interpretation Nr. 3. Das wird auch in keiner der zitierten Lehrbuchdarstellungen untersucht.

Immerhin sehen wir: Bei dieser (dynamischen) Interpretation der Konsumfunktion entspricht die Differenz zwischen (3) und (4), d. h. zwischen S'' und J, der Veränderung der Konsumausgaben und damit auch schon des Volkseinkommens von der laufenden zur folgenden Periode. (6) gibt offenbar den Betrag der Gesamteinkommen der folgenden Periode, der dann resultiert, wenn sich die Wirtschaftssubjekte gemäß den in der dynamischen Konsumfunktion formulierten Annahmen verhalten. Fall C bezeichnet bei dieser Interpretation jene Lage, in der Schrumpfungs- bzw. Expansionsprozesse zum Stillstand kommen, also die Situation, in der — nach den getroffenen Annahmen — das Volkseinkommen von Periode zu Periode gleich bleibt; dies ist der Fall eines „stationären Volkseinkommens". Er ist aber kein „Gleichgewichtspunkt"; denn wir haben außer der Annahme, daß die Wirtschaftssubjekte auf Grund ihrer laufenden Einkommen bestimmte künftige Konsumausgaben vornehmen wollen (und tatsächlich damit zum Zuge kommen werden), keine weiteren Erwartungen und Pläne aufgenommen, so daß wir nicht von irgendwelcher Plankongruenz (Gleichgewicht) sprechen können.

7. Interpretationsversuch

Konsumfunktion als Verhältnis des laufenden Einkommens zu künftigen Konsumausgaben mit der Nebenbedingung, daß die Wirtschaftssubjekte für künftige Perioden jeweils dasselbe Einkommen erwarten, das sie in der laufenden Periode erzielten.

Wir behalten die unter Nr. 6 gegebenen Definitionen bei und ergänzen sie lediglich um die zusätzliche Annahme: Das von den Wirtschaftssubjekten für die folgende Periode *erwartete* Einkommen soll ebenso hoch sein wie das *tatsächliche* Einkommen der laufenden Periode. Unter diesen Annahmen bleibt alles gültig, was wir zur Interpretation Nr. 6 sagten. Der einzige Unterschied liegt darin, daß wir nun Fall C auch als „Gleichgewichtspunkt" und die Sparfunktion als Verhältnis „erwarteter Einkommen" zu geplanter „Ersparnis" bezeichnen können. Dieser Wechsel in der Ausdrucksweise ändert aber nichts an dem Umstand, daß eine derartige Sparfunktion in Wirklichkeit lediglich eine Annahme über die Veränderung der Konsumausgaben einer folgenden Periode gegenüber den Konsumausgaben der laufenden Periode impliziert. Enthielte die Sparfunktion Annahmen über tatsächliche „Sparpläne" — im Sinne von Plänen zur Erzielung eines tatsächlichen Überschusses der jeweiligen Konsumausgaben über das laufende Einkommen — dann entspräche das der Interpretationsmöglichkeit, die wir unter Nr. 5 erörtert — und verworfen — haben.

Zusammenfassung

Unsere sieben Interpretationsversuche unterscheiden sich voneinander dadurch, daß wir jeweils die Konsumfunktion in etwas anderer Weise deuteten bzw. (Nr. 3 und Nr. 7) zusätzliche, von *Samuelson* nicht genannte, willkürliche Voraussetzungen einführten. Das wichtigste Ergebnis ist zunächst: Keine unserer sieben, in sich konsequent durchgeführten Interpretationen wird dem *Samuelson*schen Text vollauf gerecht. Nr. 2 kommt dem *Samuelson*schen Gedanken am nächsten, setzt allerdings voraus, daß *Samuelsons* „Volkseinkommen" (*NNP*) als Einkommen der „Öffentlichkeit" interpretiert wird, neben dem es auch Gewinne bzw. Verluste der „Wirtschaft" gibt[23]. In Nr. 3 ist zwar das Einkommen

---

[23] Im Hinblick auf die praktische Konjunkturanalyse halten wir die unter Nr. 2 gebrachte Interpretation für die tragfähigste und fruchtbarste. Sie läßt sich in die Faustregel bringen: Je höher die Geldersparnisse der Nichtunternehmer (einschl. des Überschusses bzw. abzüglich des Defizits der öffentlichen Hand, der Ausgabenüberschüsse des Wohnungsbaus und anderer nicht unmittelbar unternehmerischer Bereiche), desto größer sind zwangsläufig die Ausgabenüberschüsse und Geldvermögensminderungen der Unternehmer, desto höher müssen also die Konsum- und (vor allem) die Investitionsausgaben der Unternehmer sein, damit per Saldo positive Unternehmereinkommen verblei-

der „Öffentlichkeit" gleich dem Volkseinkommen, und Nr. 3 wird auch dem *Samuelson*schen Terminus „aufrechterhaltbare Investitionen" (*maintainable investment*) gerecht, setzt aber die willkürliche Annahme voraus, daß die tatsächliche Investition zufällig stets gleich der Geldersparnis der Nicht-Investoren ist. Nr. 4 berücksichtigt die Konzeption eines Gleichgewichtes, ähnlich dem Gleichgewicht an einem Markt (Kongruenz aufeinander angewiesener Pläne), leistet aber nicht das von *Samuelson* Geforderte. Nr. 5 nimmt den Gedanken der „Sparpläne" ernst, führt aber zu einem absurden Ergebnis. Nr. 6 leistet zwar das von *Samuelson* Geforderte, hat aber nichts mit einer Gleichgewichtsanalyse zu tun, sondern ist rein tautologisch. Nr. 7 schließlich ist nur eine Kombination von Nr. 4 und Nr. 6 und teilt sowohl die „Vorzüge" als auch die Schwächen von beiden.

Angesichts dieses seltsamen Tatbestandes drängt sich die Frage auf: Gibt es nicht irgendeine Möglichkeit, die verschiedenen Gedanken widerspruchslos miteinander zu vereinigen? Rein formell gibt es diese Möglichkeit. Wir brauchen dazu lediglich die verschiedenen Konsumfunktionen einander gleichzusetzen; wir erhalten dann[24]:

$$C_0 = C_1^P = C_1 \quad \text{und} \quad Y_0 = Y_0^{\textit{öff}} = Y_1^P$$

Das bedeutet aber: Die verschiedenen Interpretationen sind nur für den Fall miteinander vereinbar, in dem die folgenden Bedingungen erfüllt sind:

a) die „Wirtschaft" erzielt weder „Gewinn" noch „Verlust",
b) die tatsächliche Investition ist gleich der tatsächlichen Geldvermögensumschichtung von Investoren zu Nicht-Investoren,
c) die Investitionspläne sind gleich den Sparplänen,
d) das monetäre Volkseinkommen ist stationär.

Wir sehen daraus:

Die verschiedenen Gedanken, die bei *Samuelson* in dem Theorem auftauchen, das gerade jene Frage beantworten soll, die mit Hilfe eines Modells des „stationären Kreislaufs im Gleichgewicht" *nicht* beantwor-

---

ben. Hätte *Samuelson* nur dies zeigen wollen, dann hätte er weder von „Gleichgewicht" noch von „aufrechterhaltbaren Investitionen" zu schreiben brauchen; er hätte vielmehr seine Konsumfunktion als das Verhältnis des tatsächlichen Nichtunternehmereinkommens zu den gleichzeitigen tatsächlichen Konsumausgaben definieren und den Ausdruck „Volkseinkommen" durch den Ausdruck „Nichtunternehmereinkommen" ersetzen müssen. So aber vermengt er eine ganze Reihe scheinbar konsistenter Theoreme zu einem einzigen. Die handfeste Formel aus *Keynes* „Treatise on Money" ($Q = J_u + C_u - S_{nu}$) scheint uns also viel brauchbarer zu sein als die in der Nachfolge der „General Theory" entwickelten komplizierten Systeme.

[24] „p" bezeichnet *geplante* Größen, während realisierte Größen nicht eigens kenntlich gemacht sind. „Öff" (Öffentlichkeit) ist — wie früher erläutert — als Komplementärgruppe zur „Wirtschaft" zu verstehen.

tet werden kann, nämlich die Frage nach den Bestimmungsgründen der Schwankungen des Volkseinkommens, sind nur in dem Sonderfall widerspruchslos miteinander vereinbar, in dem das Problem, zu dessen Lösung das Theorem entwickelt wurde, überhaupt nicht existiert.

Damit kommen wir zu der für uns entscheidenden Überlegung: Wir haben eine Interpretation (Nr. 3), die der *Samuelson*schen sehr nahe kommt, aber nicht das von *Samuelson* Geforderte leistet. Wir haben des weiteren die Interpretation Nr. 6 und 7, die das von *Samuelson* Geforderte leisten, bei denen wir aber die Konsumfunktion anders definieren mußten als in Nr. 3.

Sparüberschuß ($S' > J$) bedeutet bei Interpretation nach Nr. 3, daß die laufenden Konsumausgaben stärker hinter den laufenden Einkommen zurückbleiben, als dem Betrag der freiwilligen Investition entspräche.

Bei der Interpretation Nr. 6 dagegen bedeutet Sparüberschuß ($S'' > J$), daß die Konsumausgaben der folgenden Periode niedriger sein werden als die Konsumausgaben der laufenden Periode.

Nun gilt folgender Partialsatz:

Ist in einer Periode 0 bei einer Einzelwirtschaft oder einer Gruppe von Einzelwirtschaften die Differenz zwischen laufendem Einkommen und Konsumausgaben gleich der beabsichtigten eigenen Investition und bleiben die beabsichtigten Investitionen gleich hoch und will diese Gruppe, daß in der Periode 1 ihre Konsumausgaben um einen größeren Betrag hinter dem laufenden Einkommen zurückbleiben als in Periode 0, dann müssen ihre Konsumausgaben der folgenden Periode *niedriger* sein als in der laufenden Periode.

Für Einzelwirtschaften sind auf Grund des Partialsatzes bei gleichbleibenden Investitionsausgaben „Vergrößerung der Ersparnisse" und „Verringerung der Konsumausgaben gegenüber bisher" positiv korreliert.

Wer von der Voraussetzung ausgeht, in der Gesamtwirtschaft existiere ebenfalls diese positive Korrelation — zwischen Ersparnis im Sinne „Differenz zwischen laufenden Einkommen und laufenden Konsumausgaben" und Ersparnis im Sinne von „Rückgang der Konsumausgaben gegenüber bisher" —, der muß zu der Vorstellung kommen, es lasse sich auch bereits aus der Konsumfunktion unter Nr. 3 die Folgerung ziehen, die sich aus Interpretation Nr. 6 ergibt. Er gelangt zu der Vermutung, die Interpretationen Nr. 2—7, die sich tatsächlich *nur* für den Fall eines gleichgewichtigen und stationären Kreislaufs miteinander identifizieren lassen, seien auch für andere Fälle widerspruchslos miteinander vereinbar.

Wir können also *Samuelsons* Text nur dann in allen Teilen angemessen interpretieren, wenn wir annehmen, daß der Autor von folgenden willkürlichen, stillschweigenden Voraussetzungen ausgeht:

A. Sachvermögenszuwachs und Geldvermögensminderung der Investoren sind stets gleich groß;

B. Sparüberschuß im Sinne eines Überschusses der eigenen Gesamtersparnisse über die eigene Investition derselben Periode ist identisch mit Einschränkung der Konsumausgaben gegenüber der Vorperiode;

C. Die Wirtschaftssubjekte erwarten für folgende Perioden die gleichen Einkommen, die sie in der laufenden Periode erzielen.

Die Aussagen A. und B. sind als Partialsätze richtig. Für die gesamtwirtschaftliche Betrachtung aber ist A. eine völlig willkürliche Annahme und B. eine unmögliche Voraussetzung, da gesamtwirtschaftlich ein derartiger Überschuß der Gesamtersparnis über die Investition überhaupt nicht existieren kann[25]. C. ist ebenfalls eine willkürliche Annahme.

A. brauchen wir, damit das „Einkommen der Öffentlichkeit" (vgl. Interpretation Nr. 2) stets gleich dem Volkseinkommen ist. B. muß man voraussetzen, damit aus Nr. 3 die Folgerung der Nr. 6 gezogen werden kann, C. benötigen wir, um den Stationaritätsfall auch als Gleichgewichtsfall bezeichnen zu können.

Die von Samuelson vorgenommene Verknüpfung verschiedenartiger — wie der von uns in Nr. 2—7 formulierten — Aussagen zu einem scheinbar einheitlichen Theorem folgt also aus einem „fallacy of composition"[26]*, nämlich: der Anwendung der Größenbeziehung B. auf die Gesamtwirtschaft, in Verbindung mit den willkürlichen Annahmen A. und C. Der Anschein, daß dieses Theorem mehr leiste, als wir unmittelbar aus den trivialen Größenbeziehungen*

$$Y = C + J \text{ und } Q = J_u + C_u - S_{nu}$$

bereits schließen können, beruht mithin auf einem verdeckten „fallacy of composition".

---

[25] Vgl. oben unter „1. Interpretationsversuch".
[26] Diesen Begriff aus der Logik verwendet *Samuelson* bei seiner Warnung vor „fehlerhaften Schlüssen vom Teil auf das Ganze", von denen er mit Recht sagt, daß sie dem Wirtschaftswissenschaftler besonders leicht unterlaufen (vgl. *Samuelson*, Paul A.: a.a.O., S. 12 f.).

Sparen und Investieren —
erneute Diskussion eines alten Problems

— Erich Preiser in memoriam —

Von *Alfred E. Ott* (Tübingen)

I.

Nur widerstrebend wird man wohl einen Aufsatz zur Hand nehmen, in dem das Thema „Sparen und Investieren" wieder aufgegriffen wird. Was kann bei einer erneuten Diskussion dieses alten Problems herauskommen, das im Anschluß an die „General Theory" Ende der dreißiger Jahre doch erschöpfend behandelt wurde? Jeder Student weiß — nach mehr oder weniger Semestern — zwischen der ex post-Gleichheit und dem ex ante-Gleichgewicht von J und S zu unterscheiden, und die Lehrbücher haben dieses Kapitel in ihren Kanon aufgenommen. Was soll das Wiederaufgreifen eines Themas, dessen Diskussion nach fast allgemeiner Überzeugung als abgeschlossen gelten kann?

Nach fast allgemeiner Überzeugung — d. h., daß es doch einige Theoretiker gibt, denen bei diesem offiziellen Konsens nicht ganz wohl zumute ist. Ich beschränke mich also darauf, *Erich Preiser* zu nennen, der sich ja wiederholt mit dem Problem Sparen und Investieren auseinandergesetzt hat und der noch bei seinem letzten öffentlichen Auftreten, bei der Verleihung des *Reuchlin*-Preises durch die Stadt Pforzheim im Frühjahr 1967, auf gewisse Schwierigkeiten hinwies, die der Ausgleich von J und S in einer wachsenden Wirtschaft in sich birgt[1].

Für die Bestimmung des makroökonomischen Gleichgewichts bei kurzfristiger Betrachtung stehen bekanntlich drei verschiedene methodische Ansätze zur Verfügung:

1. das Verfahren der Z-Funktion,
2. das Verfahren der 45°- oder Einkommenlinie, das wir auch als als $J = S$-Verfahren bezeichnen können, und
3. das Verfahren des Erlös-Kosten-Diagramms von C. *Föhl* und H. J. *Rüstow*.

---

[1] E. *Preiser*, Wirtschaftliches Wachstum als Fetisch und Notwendigkeit, in: E. *Preiser*, Wirtschaftspolitik heute. Grundprobleme der Marktwirtschaft, München 1967, S. 150.

Von diesen drei methodischen Ansätzen hat die Z-Funktion lange Zeit hindurch wenig Beachtung gefunden; später wurde sie diskutiert — vor allem von J. *Pen* und F. J. *de Jong* —, und vor einiger Zeit hat U. *Gruber* mit ihrem Aufsatz "Keynes' Gesamtangebotsfunktion und ihre Bedeutung für die Distributionstheorie" Wesentliches zum Verständnis dieser komplizierten Funktion beigetragen[2]. Über das Erlös-Kosten-Diagramm *Föhls*, das man mit der unechten makroökonomischen Angebotskurve *Rüstows* gleichsetzen kann, besteht m. E. noch immer keine volle Klarheit, und zwar trotz des kritischen Beitrags von E. *Scheele* und des weniger kritischen von *Bolle/Brekenfeld/Dittmar/Engelke/Hennies*[3]. Unser Interesse hier gilt jedoch ausschließlich dem am besten gesicherten Verfahren, der Bestimmung des kurzfristigen makroökonomischen Gleichgewichts mit Hilfe der Bedingung $J = S$ ex ante.

Bei diesem Problemkreis lassen sich nun drei Teilfragen voneinander trennen, nämlich:

1. Welchen Aussagewert besitzt das Verfahren, das makroökonomische Gleichgewicht mit Hilfe der Einkommenslinie (45°-Linie), also der ex ante-Gleichheit von J und S, zu bestimmen?
2. Wie steht es mit dem Ausgleich von J und S bei Annahme dynamischer Konsum- und Sparfunktionen?
3. Wie wird das Gleichgewicht von J und S sinnvoll bestimmt, wenn unverteilte bzw. nicht-entnommene Gewinne auftreten? (Diese Fragestellung kann erweitert werden, indem man die staatliche Ersparnis in die Betrachtung einbezieht.)

Von diesen drei Teilfragen soll hier im wesentlichen die dritte behandelt werden; wir beginnen aber, sozusagen als Präludium, mit einem Blick auf die erste und zweite Teilfrage[4].

II.

Beginnen wir also mit unserem ersten Problem, dem Aussagewert des Verfahrens, mit Hilfe der Einkommenslinie und der Kurve der effektiven Nachfrage das (kurzfristige) Gleichgewichtseinkommen zu bestimmen. Es sei eine geschlossene Volkswirtschaft ohne staatliche Aktivität unterstellt; die Nettoinvestition sei autonom.

---

[2] U. *Gruber*, Keynes' Gesamtangebotsfunktion und ihre Bedeutung für die Distributionstheorie, Jahrb. f. Nationalök. u. Stat., Bd. 174 (1962), S. 189—219.

[3] E. *Scheele*, Die Föhlsche E-N-Tafel, Jahrbuch f. Sozialwissenschaft, Bd. 11 (1960), S. 94—102.
M. *Bolle*, H. *Brekenfeld*, M. *Dittmar*, K. *Engelke*, M. *Hennies*, Zum Erlös-Kosten-Diagramm, in: Wirtschaftskreislauf und Wirtschaftswachstum. Carl Föhl zum 65. Geburtstag. Hrsg. von E. *Schneider*, Tübingen 1966, S. 183—222.

[4] Vgl. dazu auch den Beitrag von W. *Stützel* „Mehrdeutigkeiten beim Gebrauch der sogenannten Konsumfunktion" in diesem Band.

In den Lehrbüchern findet sich — mit individuellen Abweichungen im einzelnen — darüber die folgende Theorie:
1. Das Gleichgewichtseinkommen wird durch die Gleichheit des freiwilligen, geplanten, ex ante- oder *prospensity*-Sparens mit der gegebenen positiven Nettoinvestition bestimmt.
2. Die Stabilitätsbedingung lautet $0 < c < 1$ bzw. $0 < s < 1$ (c = Grenzneigung zum Verbrauch, s = Grenzneigung zum Sparen).
3. Die Konstellationen $J > S$ bzw. $S > J$ führen bei Unterbeschäftigung zur Expansion bzw. Kontraktion des realen Sozialprodukts, bei Vollbeschäftigung zu einem inflatorischen bzw. deflatorischen Prozeß.

Von diesen drei Sätzen folgt nur der erste eindeutig und mit Gewißheit aus dem bekannten Diagramm bzw. dem ihm entsprechenden Gleichungssystem. Die Sätze 2) und 3) werden mit Hilfe zusätzlicher Annahmen und einer meist verbalen Beweisführung gewonnen. Betrachten wir dazu das (statische) Gleichungssystem (1):

(1)
$$Y = C + J$$
$$C = C(Y)$$
$$J = \bar{J}$$

Dieses System erlaubt ausschließlich die Bestimmung des Gleichgewichtseinkommens; es gestattet weder Aussagen über die Stabilitätsbedingungen noch über die aus $J \neq S$ resultierenden Veränderungen von Y. So ist das System (1) durchaus mit ganz anderen Konsumfunktionen vereinbar, als wir sie üblicher- und auch realistischerweise zugrundelegen, z. B. einem konstanten, von Y gänzlich unabhängigen oder einem mit steigendem Y sinkenden Konsum. Die Situation ist hier nicht anders als bei dem Angebots-Nachfragebild in der Preistheorie: Auch inverse Angebots- und Nachfragefunktionen zeigen im Schnittpunkt den Gleichgewichtspreis und die Gleichgewichtsmenge an. Aussagen über die Stabilität dieses Gleichgewichts sind jedoch erst bei dynamischer Analyse möglich.

In der Tat ist auch das Gleichungssystem, das man bei der Untersuchung der Stabilität des Gleichgewichtseinkommens im Auge hat, dynamischer Natur. Es kann etwa wie folgt geschrieben werden:

(2)
$$Y_t = C_t + J_t$$
$$C_t = C(Y_t^*) \text{ bzw. spezifiziert } C_t = c Y_t^*$$
$$Y_t^* = Y_{t-1}$$
$$J = \bar{J_t}$$

Hierbei bedeutet Y_t^* entweder das für die Periode t erwartete oder das in t verfügbare Einkommen; Y_{t-1} wäre bei der zweiten Interpretation das in $t-1$ verdiente Einkommen. Dabei erscheint jedoch die Zwischenschaltung von Y_t^* zunächst als völlig entbehrlich, denn man gelangt auf alle Fälle zu dem System (3):

(3)
$$Y_t = C_t + J_t$$
$$C_t = C(Y_{t-1}) \text{ bzw. spezifiziert } C_t = c\, Y_{t-1}$$
$$J_t = \bar{J}_t$$

Dieses System (3) gestattet sowohl Aussagen über das Gleichgewichtseinkommen als auch über die Stabilitätsbedingungen und die Anpassungsbewegungen, die bei einem Anfangseinkommen, das ungleich dem Gleichgewichtseinkommen ist, auftreten werden.

Aber betrachten wir das Problem noch etwas genauer, und bedienen wir uns dabei der spezifizierten Konsumfunktion $C_t = c Y_{t-1}$. Die Bestimmungsgleichung für das Volkseinkommen lautet dann $Y_t = c Y_{t-1} + \bar{J}_t$ mit der Lösung $Y_t = A c^t + \dfrac{\bar{J}_t}{1-c}$. Dabei ist A eine Konstante, deren Größe von dem Anfangswert des Volkseinkommens Y_0 abhängt. Die entscheidende Frage lautet jetzt: *Wie heißt die der Konsumfunktion $C_t = c Y_{t-1}$ entsprechende Sparfunktion?* Für diese Frage stehen zwei Antworten zur Verfügung. Konstruiert man die Sparfunktion analog der Konsumfunktion, so erhält man $S_t = s Y_{t-1}$, leitet man sie — wie bei der statischen Betrachtung — als Differenz von Volkseinkommen und Konsum ab, so ergibt sich $S_t' = Y_t - c Y_{t-1}$. Man kommt also im ersten Fall zu dem *proper saving* von *Hicks*, im zweiten Fall zu dem *actual saving*[5]. Betrachtet man das *proper saving* $S_t = s Y_{t-1}$ als freiwilliges, als geplantes Sparen, so sind J_t und S_t nur im stationären, durch $\bar{Y}_t = \dfrac{\bar{J}_t}{1-c}$ gegebenen Endzustand gleich. Hält man jedoch $S_t' = Y_t - c Y_{t-1}$, das *actual saving*, für das *prospensity*-Sparen, so sind J_t und S_t' stets gleich, und das Ausgleichsproblem von Sparen und Investieren entschwindet[6].

---

[5] J. R. *Hicks*, A Contribution to the Theory of the Trade Cycle, repr. Oxford 1961, S. 17 ff.

[6] Der Verf. vermag der Ansicht W. *Krelles* nicht zuzustimmen, die Konsumfunktion $C_t = c Y_{t-1}$ sei nur mit $S_t = Y_t - c Y_{t-1}$ und die Sparfunktion $S_t = s Y_{t-1}$ nur mit $C_t' = Y_t - s Y_{t-1}$ verträglich (W. *Krelle*, Besprechung der Einführung in die dynamische Wirtschaftstheorie des Verf., Ztschrft. f. d. ges. Staatsw., 121. Bd. (1965), S. 757 f.). Das ist dann nicht der Fall, wenn die dynamischen Funktionen über $Y_t^* = Y_{t-1}$ aus $C_t = c Y_t^*$ und $S_t = s Y_t^*$ entstanden sind.

Leider ist es nun nicht so, als ob die Gründe, die für die erste oder die zweite Möglichkeit sprechen, eindeutig die Funktion $S_t = sY_{t-1}$ oder $S'_t = Y_t - cY_{t-1}$ begünstigen, sondern es lassen sich für beide Funktionen Argumente anführen. Beginnen wir mit $S_t = sY_{t-1}$. Ist die Konsumfunktion $C_t = cY_{t-1}$ aus $C_t = cY_t^*$ über $Y_t^* = Y_{t-1}$ entstanden, steht also zwischen der Konsumentscheidung von heute das für heute erwartete (bzw. heute verfügbare) Einkommen, das gleich dem (verdienten) Einkommen von gestern ist, so besitzt die Sparfunktion $S_t = sY_t^* = sY_{t-1}$ keinen geringen Grad von Plausibilität: Der Konsum wie das Sparen in der Periode t werden auf der Basis von Y_t^* geplant; daß Y_t^* gleich dem Einkommen der Vorperiode Y_{t-1} ist, daß also die Konsum- und die Sparfunktion dynamischer Natur sind, steht sozusagen auf einem anderen Blatt und kann z. B. nicht gegen die Beziehung $c + s = 1$ ins Feld geführt werden. Gelten die Funktionen $C_t (= cY_t^*) = cY_{t-1}$ und $S_t(= sY_t^*) = sY_{t-1}$ gleichzeitig, so ergibt sich noch eine weitere wichtige Konsequenz. Die Bedingung $J = S$ ex ante schließt dann nämlich eindeutig wirtschaftliches Wachstum aus, denn es gilt

$$Y_t = C_t + J_t = C_t + S_t$$
$$Y_t = cY_{t-1} + sY_{t-1} = Y_{t-1}$$

Wirtschaftliches Wachstum erfordert demnach, bei gleichzeitiger Gültigkeit von $C_t = cY_{t-1}$ und $S_t = sY_{t-1}$, eindeutig die Konstellation $J > S$[7].

Wenden wir uns jetzt der zweiten Möglichkeit zu, d. h. der Kombination der Konsumfunktion $C_t = cY_{t-1}$ mit der Sparfunktion $S_t^* = Y_t - cY_{t-1}$. Für diese Koppelung spricht einmal die Tatsache, daß die dynamische Sparfunktion wie im statischen Fall als Differenz von Volkseinkommen und Konsum errechnet wird: $S'_t = Y_t - C_t$. Stärker aber als dieses mehr formale Argument wiegt m. E., daß S'_t jetzt wirklich „den Nachfrageausfall der Periode t bedeutet", der durch die gleichgroße Investition ausgeglichen werden muß. Aber, und hierin liegt der Nachteil der Funktion, bei Annahme von $S'_t = Y_t - cY_{t-1}$ sind J und S immer gleich; es gibt keinen Ausgleichsmechanismus mehr, und jegliches Kopfzerbrechen über mangelnde oder zu große effektive Nachfrage entfällt.

Wie man sieht, weisen beide Sparfunktionen Vor- und Nachteile auf. Lassen wir die Alternative noch einmal deutlich hervortreten: Wählt man die Kombination $C_t = cY_{t-1}$ und $S_t = sY_{t-1}$, so bedeutet $J = S$

---

[7] Vgl. D. *Hamberg*, Investment and Saving in a Growing Economy, The Review of Econ. and Stat., Vol. XXXVII (1955), S. 196—201.

einen stationären Gleichgewichtszustand; Wachstum erfordert dann die Konstellation $J > S$. Wählt man $C_t = c\,Y_{t-1}$ mit $S'_t = Y_t - c\,Y_{t-1}$, so sind J und S stets gleich, und das Ausgleichsproblem von J und S entfällt.

Wir kommen jetzt zu unserem dritten Problemkreis, der Frage also, wie das Gleichgewichtseinkommen sinnvoll bestimmt werden kann, wenn unverteilte bzw. nicht-entnommene Gewinne berücksichtigt werden müssen. Was heißt, so können wir unsere Frage auch stellen, „*prospensity*-Sparen" (= geplantes, freiwilliges, ex ante-Sparen), wenn unverteilte bzw. nicht-entnommene Gewinne auftreten[8]?

Bevor wir die Beantwortung dieser Frage versuchen, erscheint es notwendig zu erläutern, weshalb hier stets von unverteilten bzw. nicht-entnommenen Gewinnen gesprochen wird. Die unverteilten Gewinne sind die aus der Volkseinkommens-Verteilungsrechnung bekannten „unverteilten Gewinne der Unternehmungen mit eigener Rechtspersönlichkeit". Bei den nicht-entnommenen Gewinnen handelt es sich um die nicht explizit in der Verteilungsrechnung aufgeführten nicht-entnommenen Gewinne der Einzelunternehmungen und Personalgesellschaften. Bei der exakten Berechnung der Ersparnis der privaten Haushalte sind diese nicht-entnommenen Gewinne der Einzelunternehmungen und Personengesellschaften von der Ersparnis der privaten Haushalte abzuziehen. Erst dann erhält man die Größe, die als das geplante Sparen der privaten Haushalte angesehen und mit dem verfügbaren Einkommen der privaten Haushalte korreliert werden kann[9].

Um die Sonderstellung der unverteilten wie der nicht-entnommenen Gewinne gegenüber der Ersparnis der privaten Haushalte zu verdeutlichen, wurden in Abb. 1 die entsprechenden Zeitreihen für die BRD von 1950—1965 aufgezeichnet (vgl. auch Tabelle 1 im Anhang 1). Man erkennt deutlich die 1960 einsetzende Eigenbewegung bei den unverteilten Gewinnen der Kapitalgesellschaften, vor allem aber bei den nicht-entnommenen Gewinnen der Einzelunternehmungen und Personalgesellschaften. Schon aus diesen wenigen Angaben dürfte folgen, daß die alleinige Berücksichtigung der unverteilten Gewinne der Gesellschaften mit eigener Rechtspersönlichkeit einseitig, die Mitbeachtung der nicht-entnommenen Gewinne der Einzelunternehmungen und Personalgesellschaften also notwendig ist.

---

[8] Vgl. G. *Bombach*, Die verschiedenen Ansätze der Verteilungstheorie, in: J. *Niehans*, G. *Bombach*, Alfred E. *Ott*, Einkommensverteilung und technischer Fortschritt. Hrsg. von E. *Schneider*. Schriften des Vereins für Socialpolitik, N. F., Bd. 17, Berlin 1959, S. 137.
[9] Vgl. dazu das Vorgehen des Sachverständigenrates zur Begutachtung der gesamtwirtschaftlichen Entwicklung im Jahresgutachten 1966/67 „Expansion und Stabilität", Stuttgart/Mainz 1966, Ziff. 120.

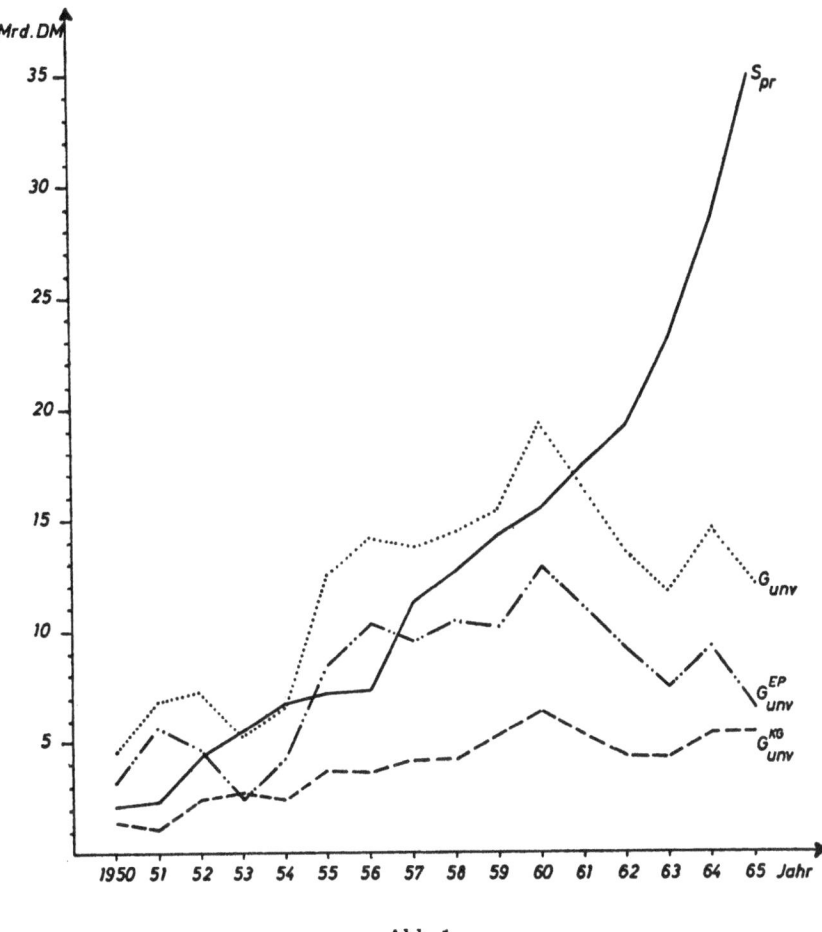

Abb. 1

Nach diesem Ausflug in die Empirie kehren wir zu unserer theoretischen Frage zurück. Die Einbeziehung von Gewinnen in die Analyse, seien es verteilte oder unverteilte, entnommene oder nicht-entnommene, bedeutet die Erweiterung des *Keynes*schen Systems um den Verteilungsaspekt. Damit sind wir bei N. *Kaldor*, wobei wir uns hier auf die Berücksichtigung seines Aufsatzes „Alternative Theories of Distribution" beschränken können[10]. Aber nicht nur *Kaldor*s Theorie bedarf der

---

[10] N. *Kaldor*, Alternative Theories of Distribution, Rev. of Econ. Stud., Vol. XXIII (1955/56), S. 83—100, wiederabgedruckt in: N. *Kaldor*, Essays on Value and Distribution, London 1960, S. 209—236.

Analyse, sondern ebenso gilt es, die Beiträge von W. *Libbert*, E. *Preiser* und A. M. *Cartter* zu behandeln[11]. Beginnen wir mit einigen grundsätzlichen Überlegungen.

Der Gesamtgewinn in einer Volkswirtschaft läßt sich nach den Kriterien der volkswirtschaftlichen Gesamtrechnung aufspalten in verteilte und unverteilte Gewinne:

(1) $$G = G_{vert.} + G_{unv.}$$

Verteilungs- und beschäftigungstheoretisch trennt man die Gesamtheit aller statischen Gewinne G^* vom dynamischen Marktlagengewinn Q:

(2) $$G = G^* + Q$$

Zu dieser zweiten Gewinngleichung gehören wahlweise die Einkommensverteilungsgleichungen $Y = L + G$ bzw. $Y = E + Q$, wobei E die Summe aus den Löhnen und Gehältern und den statischen Gewinnen G^* darstellt.

Aus den beiden Gleichungen (1) und (2) folgt nun nur, daß die Summe der verteilten und unverteilten Gewinne der Summe aus statischen und dynamischen Gewinnen gleich sein muß. Irgendeine Zuordnung wie z. B. die naheliegende, die verteilten Gewinne seien die statischen und die unverteilten die dynamischen, folgt aus (1) und (2) *nicht*. Bezeichnet man den Teil der statischen Gewinne, der ausgeschüttet wird, mit α ($0 \leq \alpha \leq 1$), den nicht ausgeschütteten Teil mit $(1 - \alpha)$ und die entsprechenden Anteile beim dynamischen Gewinn mit β und $(1 - \beta)$, so erhält man

(3a) $$\alpha G^* + \beta Q = G_{vert.}$$

(3b) $$(1 - \alpha) G^* + (1 - \beta) Q = G_{unv.}$$

Dies ist zunächst eine rein formale Prozedur, die insbesondere nichts darüber aussagt, ob etwa ein hoher Wert von α oder sogar $\alpha = 1$ und ein niedriger Wert von β oder sogar $\beta = 0$ als realistisch anzusehen sind.

---

[11] W. *Libbert*, Gleichgewichtswerte für Preisniveau und Einkommensverteilung in einer wachsenden Wirtschaft, Berlin 1963; E. *Preiser*, Multiplikatorprozeß und dynamischer Unternehmergewinn, Jahrb. f. Nationalök. u. Stat., Bd. 167 (1955), neu erschienen in: E. *Preiser*, Bildung und Verteilung des Volkseinkommens, 3. Aufl., Göttingen 1963, S. 124—167; A. M. *Cartter*, Theory of Wages and Employment. Homewood, Ill. 1959. Vgl. dazu auch den Aufsatz des Verf., Über makroökonomische Gewinnbegriffe. Bemerkungen zu einem Buch von Wolfram Libbert. Schmollers Jahrbuch für Gesetzgebung, Verwaltung und Volkswirtschaft, 85. Jahrg. (1965), S. 729—734.

Wenden wir uns jetzt, um zunächst unser Fundament zu vervollständigen, der Frage *Bombachs* zu, welcher Gewinnbegriff sinnvoll mit einer Konsum- und Sparneigung der Gewinnbezieher verbunden werden kann. Der Ausdruck Gewinnbezieher deutet schon an, daß sich die Alternative Konsum oder Sparen nur bei dem *verteilten* Gewinn stellt, also

(4) $\quad\quad\quad\quad\quad G_{\text{vert.}} = C_g + S_g$

oder spezifiziert:

(4a) $\quad\quad\quad\quad\quad C_g = c_g\, G_{\text{vert.}}$

(4b) $\quad\quad\quad\quad\quad S_g = s_g\, G_{\text{vert.}}$

Mit Hilfe der angeführten Gleichungen lassen sich nunmehr einige Modelle, die in der Literatur verwendet wurden, auf ihre Voraussetzungen hin untersuchen. Bei *Libbert* etwa fehlt der dynamische Marktlagengewinn Q vollständig; die Gleichungen (3a) und (3b) verkürzen sich dann zu

(3a.1) $\quad\quad\quad\quad\quad \alpha\, G^* = G_{\text{vert.}}$

(3b.1) $\quad\quad\quad\quad\quad (1-\alpha)\, G^* = G_{\text{unv.}}$

Die Selbstfinanzierung der Unternehmungen $G_{\text{unv.}}$ wird bei *Libbert* zu einem statischen Phänomen deklariert. Und ferner gilt: „Im langfristigen Gleichgewicht werden... die nicht ausgeschütteten Gewinne der Unternehmungen von einer Überraschungsgröße zum geplanten Sparen"[12].

Ganz anders liegen die Dinge in der kurzfristigen Analyse *Preisers* „Multiplikatorprozeß und dynamischer Unternehmergewinn". Bei der Aufteilung des Gewinns auf Konsum und Sparen geht *Preiser* nicht vom verteilten, sondern von statischen Gewinn aus, d. h. es gilt:

(4*) $\quad\quad\quad\quad\quad G^* = C_g + S_g$

Da jedoch die Ausschüttung bzw. die Entnahme des Gewinns ganz offensichtlich die zwingende Voraussetzung dafür ist, daß man überhaupt zwischen der konsumtiven Verwendung und dem Sparen des Gewinns entscheiden kann, ist der statische Gewinn bei *Preiser* gleich dem ausgeschütteten Gewinn: $G^* = G_{\text{vert.}}$. Bei *Preiser* ist demnach $\alpha = 1$ und $\beta = 0$, so daß sich die Gleichungen (3a) und (3b) wie folgt verändern:

(3a.2) $\quad\quad\quad\quad\quad G^* = G_{\text{vert.}}$

(3b.2) $\quad\quad\quad\quad\quad Q = G_{\text{unv.}}$

---
[12] W. *Libbert*, Gleichgewichtswerte, a.a.O., S. 104.

Betrachten wir schließlich noch die Modelle *Kaldors* und *Cartters*. Bei *Kaldor* fehlt sowohl die Unterscheidung von verteilten und unverteilten als auch die Trennung zwischen statischen und dynamischen Gewinnen. Das Fehlen der ersten Unterscheidung (auf die zweite wollen wir im Zusammenhang mit *Kaldor* zunächst nicht eingehen) läßt nun zwei Möglichkeiten der Interpretation zu. Entweder hat *Kaldor* mit Hilfe einer „heroischen Annahme" von der Existenz der unverteilten Gewinne überhaupt abgesehen. Dann ist die *Kaldor*sche Sparneigung aus den Gewinnen gleich der Sparneigung in der Funktion (4b). Oder aber es existieren auch bei *Kaldor* nicht-ausgeschüttete Gewinne, und das Sparen aus den Gewinnen setzt sich dann aus diesen nicht-ausgeschütteten Gewinnen und dem Sparen der Gewinnbezieher aus den ausgeschütteten Gewinnen zusammen. In diesem Fall hätte man m. E. *Kaldor* wie folgt zu interpretieren. Die Gesamtersparnis aus den Gewinnen ist bei *Kaldor*[13]

(5) $$S_G^K = s_G^K \cdot G = S_g + G_{\text{unv}}.$$

Bezeichnet man mit γ den Anteil der verteilten und mit $(1 - \gamma)$ den Anteil der unverteilten Gewinne am Gesamtgewinn und berücksichtigt die Sparfunktion (4b), so ergibt sich

(5a) $$S_G^K = s_G^K G = s_G \gamma G + (1 - \gamma) G$$

und für die *Kaldor*sche Sparneigung

(5b) $$s_G^K = s_G \gamma + (1 - \gamma)$$

Die Sparneigung aus den Gewinnen stellt demnach ein gewogenes arithmetisches Mittel aus der Sparneigung der Gewinnbezieher s_G und der „Sparneigung" aus den unverteilten Gewinnen dar, die *per se* gleich eins ist. Als Gewichte fungieren die Anteile der verteilten und der unverteilten Gewinne am Gesamtgewinn.

Damit sind wir aber auch bei dem Modell von *Cartter*, das ungefähr gleichzeitig wie das *Kaldors*, aber von ihm unabhängig entwickelt wurde. Für *Cartter* gilt (5a) als Gleichung für das Sparen aus den Gewinnen, wobei *Cartter* allerdings — im Gegensatz zu *Kaldor* — ausdrücklich zwischen verteilten und unverteilten Gewinnen trennt[14].

Diese drei Ansätze von *Libbert*, *Preiser* und *Kaldor/Cartter* kann man durch einen vierten Ansatz ergänzen. Dabei wird davon ausgegangen, daß wahrscheinlicher als eine relative Konstanz von $\gamma (1 - \gamma)$, also dem Verhältnis der verteilten zu den unverteilten Gewinnen, eine relative

---
[13] Das Symbol S_G^K bedeutet „Sparen aus Gewinnen bei *Kaldor*".
[14] Das Modell von *Cartter* ist im Anhang 2 beschrieben.

Konstanz von $\alpha/(1-\alpha)$ ist, d. h. der Relation zwischen verteilten und unverteilten *statischen* Gewinnen. Dafür spricht eine Reihe von Gründen, wie etwa die Gewöhnung der Unternehmer an einen bestimmten Grad der Selbstfinanzierung, die Kontinuität der Dividendenpolitik usw. Der unsichere Kantonist in diesem Bild bleibt der dynamische Marktlagengewinn Q. Er besitzt den Charakter eines Zufallsgewinns, wie es in der englischen Bezeichnung *windfall profit* plastisch zum Ausdruck kommt. Mit großer Wahrscheinlichkeit kann man annehmen, daß β wesentlich kleiner ist als α. Wir unterstellen der Einfachheit halber wie *Preiser*, der Q-Gewinn werde nicht ausgeschüttet, also $\beta = 0$. Die Gleichungen (3a) und (3b) erfahren dann die folgenden Modifikationen:

(3a.3) $$\alpha\, G^* = G_{\text{vert.}}$$

(3b.3) $$(1-\alpha)\, G^* + Q = G_{\text{unv.}}$$

In diesen Gleichungen bedeutet $\alpha G^* = G_{\text{vert.}}$ die ausgeschütteten Dividenden und entnommenen Gewinne, die statische Einkommen sind. $(1-\alpha)\, G^*$ stellt den einen Teil der unverteilten bzw. nicht-entnommenen Gewinne dar. Auch sie sind statischer Natur, da ein bestimmter Umfang der Selbstfinanzierung von den Unternehmern nicht nur gewünscht, sondern innerhalb gewisser Grenzen auch stets realisiert werden kann. Den zweiten Bestandteil der unverteilten Gewinne bildet der dynamische Marktlagengewinn Q.

Schließlich ist noch ein weiterer Gesichtspunkt zu berücksichtigen. Wir hatten oben darauf hingewiesen, daß man bei den nicht-ausgeschütteten Gewinnen zwischen den unverteilten Gewinnen der Kapitalgesellschaften und den nicht-entnommenen Gewinnen der Einzelunternehmen und Personalgesellschaften zu unterscheiden habe. Demnach kann man den volkswirtschaftlichen Gesamtgewinn auch wie folgt aufspalten

(6) $$G = G_{KG} + G_{EP}$$

und dann nach der Ausschüttungsquote der Kapitalgesellschaften und der der Einzelunternehmen und Personalgesellschaften fragen, also weiter aufgliedern in

(7a) $$G_{KG} = G_{KG_{\text{unv.}}} + G_{KG_{\text{unvert.}}}$$

(7b) $$G_{EP} = G_{EP_{\text{entn.}}} + C_{EP_{\text{nicht-entn.}}}$$

Der relative Anteil der verteilten Gewinne in (7a) soll mit δ, der der unverteilten mit $(1-\delta)$ bezeichnet werden. Die entsprechenden Symbole für (7b) seien ε und $(1-\varepsilon)$.

Insgesamt stehen jetzt also fünf Paare von relativen Anteilen für die Konstruktion einer Sparfunktion aus den Gewinnen zur Verfügung, die wir zur besseren Übersicht in einer Tabelle zusammenstellen wollen.

Tabelle 1

Relevante Größen für die Sparfunktion aus Gewinnen

Symbol	Bedeutung
α	Anteil der ausgeschütteten statischen Gewinne an den statischen Gewinnen
$1 - \alpha$	Anteil der nicht-ausgeschütteten statischen Gewinne an den statischen Gewinnen
β	Anteil der ausgeschütteten dynam. Gewinne an den dynamischen Gewinnen
$1 - \beta$	Anteil der nicht-ausgesch. dynam. Gewinne an den dynamischen Gewinnen
γ	Anteil der ausgeschütteten Gewinne am Gesamtgewinn
$1 - \gamma$	Anteil der nicht-ausgesch. Gewinne am Gesamtgewinn
δ	Anteil der vert. Gewinne der Kapitalgesellsch. am Gewinn der Kapitalges.
$1 - \delta$	Anteil der vert. Gewinne der Kapitalges. am Gewinn der Kapitalges.
ε	Anteil der entnomm. Gewinne der Personalges. am Gewinn der Einzelunternehmen und Personalges.
$1 - \varepsilon$	Anteil der nicht-entnomm. Gewinne der Einzelunternehmen und Personalges. am Gewinn der Einzelunternehmen und Personalges.

Empirisch liegen für diese Quoten nur Angaben für γ und $(1 - \gamma)$ sowie mit Vorbehalt für δ und $(1 - \delta)$ vor (Vgl. Tabelle 2 im Anhang 1, Spalte 1 und 2, Tabelle 3 sowie Tabelle 5 im Anhang 2). Danach schwankte der Anteil der ausgeschütteten Gewinne am Gesamtgewinn in der Bundesrepublik von 1950—1965 zwischen 70 und 85 %, in den Vereinigten Staaten von 1929—1954 zwischen 57 und 75 %. Die Ausschüttungsquote der Kapitalgesellschaften lag in Deutschland von 1870—1913 zwischen 60 und 75 %. Schließlich läßt sich aus der Tabelle 1 des Anhangs 1 noch errechnen, daß das Verhältnis der unverteilten Gewinne der Kapitalgesellschaften zu den nicht-entnommenen Gewinnen der Einzelunternehmen und Personalgesellschaften in der Bun-

Anhang 1*

Tabelle 1

Private Ersparnis und unverteilte bzw. nicht-entnommene Gewinne in der Bundesrepublik 1950—1965 (Mill. DM)

Jahr	Private Ersparnis ohne nicht-entnommene Gewinne der Einzeluntern. und Personalgesellschaften	Unverteilte Gewinne der Kapitalges.	Nicht-entnomm. Gewinne der Einzeluntern. u. Personalges.	Unverteilte Gewinne insgesamt	Unverteilte Gewinne der Kapitalges./nicht-entnomm. Gewinne der Einzeluntern. u. Personalgesellsch.
1950[1]	2 070	1 470	3 130	4 600	0,47
1951	2 370	1 100	5 840	6 940	0,19
1952	4 400	2 560	4 720	7 280	0,54
1953	5 570	2 690	2 600	5 290	1,03
1954	6 880	2 520	4 210	6 730	0,60
1955	7 120	3 880	8 690	12 570	0,45
1956	7 280	3 820	10 270	14 090	0,37
1957	11 140	4 120	9 720	13 840	0,42
1958	12 800	4 140	10 400	14 540	0,40
1959	14 250	5 310	10 150	15 460	0,52
1960[2]	15 490	6 430	12 860	19 290	0,50
1961	17 440	5 320	11 100	16 420	0,48
1962	19 200	4 320	9 100	13 420	0,47
1963	22 950	4 300	7 560	11 860	0,57
1664	28 420	5 400	9 190	14 590	0,59
1965	34 860	5 400	6 660	12 060	0,81

[1] *Quelle:* 1950—1959, Wirtschaft und Statistik 1963, S. 643* (ohne Saarland und West-Berlin; Bundesgebiet). Vgl. ebenfalls: „Das Sozialprodukt in den Jahren 1950—1962, Erste Ergebnisse einer erneuten Revision der Sozialproduktberechnung", Wirtschaft und Statistik 1963, S. 583*.

[2] *Quelle:* 1960—1965, Wirtschaft und Statistik 1966, Heft 9, S. 642* ff. mit Saarland und Berlin-West; Bundesgebiet).

---

* Die Zusammenstellung der Tabellen besorgte Herr Diplomvolkswirt R. Hickel.

Tabelle 2

Prozentzahlen zu den unverteilten Gewinnen

Jahre	a_1	a_2	a_3	a_4	a_5	a_6
1950[1]	0,81	0,19	0,06	0,13	0,32	0,68
1951	0,76	0,24	0,04	0,20	0,16	0,84
1952	0,78	0,22	0,08	0,14	0,35	0,65
1953	0,84	0,16	0,08	0,08	0,51	0,49
1954	0,81	0,19	0,07	0,12	0,37	0,63
1955	0,71	0,29	0,09	0,20	0,31	0,69
1956	0,70	0,30	0,08	0,22	0,27	0,73
1957	0,72	0,28	0,08	0,20	0,28	0,72
1958	0,73	0,27	0,07	0,20	0,28	0,72
1959	0,72	0,28	0,10	0,18	0,34	0,66
1960[2]	0,71	0,29	0,10	0,19	0,33	0,67
1961	0,75	0,25	0,08	0,17	0,32	0,68
1962	0,80	0,20	0,06	0,14	0,32	0,68
1963	0,83	0,17	0,06	0,11	0,36	0,64
1964	0,81	0,19	0,07	0,12	0,37	0,63
1965	0,85	0,15	0,07	0,08	0,45	0,55

[1] *Quelle:* 1950—1959, Wirtschaft und Statistik 1963, S. 643* (ohne Saarland und Berlin-West; Bundesgebiet). Vgl. ebenfalls: „Das Sozialprodukt in den Jahren 1950—1962, Erste Ergebnisse einer erneuten Revision der Sozialproduktberechnung", Wirtschaft und Statistik 1963, S. 583*.

[2] *Quelle:* 1960—1965, Wirtschaft und Statistik 1966, Heft 9, S. 650* (mit Saarland und Berlin-West; Bundesgebiet).

Zu Tabelle 2: Die einzelnen Quoten

a_1 = Anteil der an die privaten Haushalte verteilten Einkommen (Gewinne) am privaten Nettoeinkommen aus Unternehmertätigkeit und Vermögen (privaten Nettogewinn), γ.

a_2 = Anteil der unverteilten Gewinne der Kapital- und Personalgesellschaften einschließlich der Einzelunternehmen am privaten Nettoeinkommen aus Unternehmertätigkeit und Vermögen (privaten Nettogewinn), $1 - \gamma$.

a_3 = Anteil der unverteilten Gewinne der Kapitalgesellschaften am privaten Nettoeinkommen aus Unternehmertätigkeit und Vermögen (privaten Nettogewinn).

a_4 = Anteil der nicht-entnommenen Gewinne der Einzelunternehmen und Personalgesellschaften am privaten Nettoeinkommen aus Unternehmertätigkeit und Vermögen (privaten Nettogewinn). Es gilt $a_3 + a_4 = a_2$.

a_5 = Anteil der unverteilten Gewinne der Kapitalgesellschaften an den unverteilten Gewinnen (netto).

a_6 = Anteil der nicht-entnommenen Gewinne der Einzelunternehmen und Personalgesellschaften an den unverteilten Gewinnen (netto). $a_6 = 1 - a_5$

Tabelle 3

Die Ausschüttungspolitik repräsentativer Kapitalgesellschaften in Deutschland 1870—1913[1]

Jahr	Anteile der verteilten und unverteilten Gewinne der Kapitalgesellschaften am Gesamtgewinn der Kapitalgesellschaften in %	
	δ	$1 - \delta$
1870—1880	70,0	30,0
1881	67,5	32,5
1882	71,0	29,0
1883	68,3	31,7
1884	70,0	30,0
1885	67,9	32,1
1886	68,3	31,7
1887	64,9	35,1
1888	63,6	36,4
1889	62,0	38,0
1890	61,9	38,1
1891	65,0	35,0
1892	66,4	33,6
1893	65,6	34,4
1894	68,7	31,3
1895	63,3	36,7
1896	64,9	35,1
1897	66,0	34,0
1898	64,7	35,3
1899	63,3	36,7
1900	65,0	35,0
1901	73,3	26,7
1902	70,9	29,1
1903	74,4	25,6
1904	66,6	33,4
1905	61,6	38,4
1906	59,9	40,1
1907	64,5	35,5
1908	71,4	28,6
1909	65,8	34,2
1910	66,0	34,0
1911	68,0	32,0
1912	65,1	34,9
1913	65,1	34,9

[1] *Quelle:* W. G. Hoffmnn u. a.: Das deutsche Volkseinkommen 1851—1957, Tübingen 1959, passim.

Zeitraum 1870—1880: Für den Zeitraum 1870—1880 wird das Verhältnis von ausgeschüttetem Gewinn und Reingewinn im Durchschnitt der Periode 1881—1913 übernommen.

Zeitraum 1881—1913: „Für eine hinreichend repräsentative Anzahl von AG (berechnet nach Saling's Börsenpapieren, 2. (finanzieller Teil), Saling's Börsenjahrbuch, Jahrgang 1801/02, und folgende; der Repräsentationsgrad beträgt im Durchschnitt über 50 v. H. des gesamten Aktienkapitals) wird das Verhältnis von unverteilten Einkommen zu Gesamteinkommen für den Zeitraum 1881—1913 ermittelt. Die Anwendung dieser Relation auf das gesamte Aktienkapital aller deutschen Gesellschaften (außer der der GmbH's) erlaubt die Bestimmung des unverteilten Einkommens. In Anlehnung an die Schätzung des Statistischen Reichsamts für 1913 wird zusätzlich eine stille Reservenbildung, die sich nicht in Bilanzstatistiken niederschlägt, von 25 % des jährlichen Reingewinns angenommen." — W. G. *Hoffmann* u. a., Das deutsche Volkseinkommen, a.a.O., S. 28.

desrepublik von 1950—1965 zwischen 0,19 minimal und 1,03 maximal lag.

Welches Fazit läßt sich nun aus der Konfrontation dieser wenigen statistischen Informationen mit unseren theoretischen Überlegungen ziehen? Zunächst steht — man ist versucht zu sagen wieder einmal — fest, daß wir mehr statistische Informationen brauchen. Besonders dringend dürfte dabei m. E. die Aufspaltung des volkswirtschaftlichen Gesamtgewinns in die Gewinne der Kapital- und der Personalgesellschaften sein und dann deren Aufspaltung in verteilte und unverteilte bzw. entnommene und nicht-entnommene Gewinne. Hier klafft eine Informationslücke, die sich sicher beseitigen ließe. Schwieriger, wenn nicht vielleicht sogar aussichtslos, steht es um die Trennung der dynamischen von den statischen Gewinnen und daran anschließend um die Ermittlung von α und β. Aber man sollte sich davor hüten, die Trennung von statischen und dynamischen Gewinnen allein deshalb über Bord zu werfen, weil sie gegenwärtig empirisch noch nicht nachzuvollziehen ist. Dagegen spricht auch, daß wir allen Grund zu der Vermutung haben, daß den Überraschungsgewinnen in den ersten Phasen der wirtschaftlichen Entwicklung in Westdeutschland nach dem zweiten Weltkrieg eine besondere, ja vielleicht überragende Bedeutung zukam. Gleichwohl wird man denjenigen theoretischen Ansätzen den Vorzug geben, die zur Zeit eine empirische Überprüfung erlauben, und das ist der Ansatz von *Kaldor* und *Cartter*. Bis wir über weitergehende statistische Informationen verfügen, sollten wir also nur zwischen verteilten und unverteilten Gewinnen trennen und die Sparfunktion aus den Gewinnen diesen Annahmen gemäß bilden.

Anhang 2

Die Verteilungstheorie Allan M. Cartters

Das Modell *Cartter*s besteht aus den folgenden neun Gleichungen:

$$Y = C + J$$
$$C = C_L + C_G$$
$$C_L = c_L L$$
$$C_G = c_G G_{\text{vert.}}$$
$$G_{\text{vert.}} = \gamma G$$
$$G = G_{\text{vert.}} + G_{\text{unv.}}$$
$$Y = L + G$$
$$J = \pi G$$
$$L = \lambda Y$$

mit den neun Unbekannten $Y, C, J, C_L, C_G, L, G_{\text{vert.}}, G, G_{\text{unv.}}$.

Mit Hilfe der Bedingung *intended savings = intended investment* leitet *Cartter* zunächst die folgende Beziehung ab:

$$\pi (1 - \lambda) = (1 - c_L) \lambda + (1 - c_G) \gamma (1 - \lambda) + (1 - \gamma)(1 - \lambda)$$

Für die Lohnquote λ und die Gewinnquote $(1 - \lambda)$ ergibt sich daraus (bei Ersetzung von $1 - c_L$ durch s_L und $1 - c_G$ durch s_G):

$$\lambda = \frac{1 - \pi - (1 - s_G) \gamma}{(1 - s_L) - \pi - (1 - s_G) \gamma}$$

$$1 - \lambda = \frac{s_L}{\pi - (1 - s_L) + (1 - s_G) \gamma}$$

Für $s_L = 0{,}08$, $s_G = 0{,}20$ und alternative hypothetische Werte von γ und π hat *Cartter* die Gleichgewichtswerte der Lohnquote bestimmt (Tabelle 4).

Tabelle 4

Gleichgewichtswerte für die Lohnquote bei alternativen Werten von γ und π[1]

Werte von γ	Werte von π		
	0,55	0,60	0,70
0,60	0,27	0,50	0,69
0,65	0,47	0,60	0,73
0,74	0,64	0,70	0,79

Die Tabelle gilt für $s_L = 0{,}08$ und $s_G = 0{,}20$.

[1] *Quelle:* Allan M. *Cartter*, Theory of Wages, a.a.O., S. 157.

Realistische Werte sind nach *Cartter* für die Lohnquote $\lambda = 0{,}60$, für den Investitions-Gewinn-Koeffizienten $\pi = 0{,}60$ und für die Ausschüttungsquote $\lambda = 0{,}65$. Näherungswerte derselben Größen für die USA von 1929—1954 enthält Tabelle 5.

Die grundsätzliche Übereinstimmung der Modelle von *Cartter* und *Kaldor* kann wie folgt gezeigt werden. Von der Gleichung für die Gewinnquote

$$1 - \lambda = \frac{s_L}{\pi - (1 - s_L) + (1 - s_G) \gamma}$$

ausgehend, ergibt sich unter Berücksichtigung von

$$\pi = \frac{J}{G} = \frac{J}{Y} \frac{Y}{G} = \frac{J}{Y} \frac{1}{1 - \lambda}$$

Tabelle 5

Näherungswerte für die Lohnquote λ, die Ausschüttungsquote γ und den Investitions-Gewinn-Koeffizienten π in den USA für die Jahre 1929—1954[1]

Jahr	Lohnquote λ	Ausschüttungs-quote γ	Investitions-Gewinn-Koeffizient π
1929	0,58	0,57	0,59
1930	0,62	0,60	0,48
1931	0,67	0,65	0,37
1932	0,74	0,70	0,10
1933	0,74	0,70	0,16
1934	0,70	0,62	0,23
1935	0,65	0,60	0,41
1936	0,66	0,65	0,44
1937	0,65	0,63	0,56
1938	0,66	0,68	0,36
1939	0,66	0,60	0,44
1940	0,63	0,60	0,51
1941	0,61	0,69	0,53
1942	0,60	0,68	0,23
1943	0,61	0,69	0,11
1944	0,62	0,67	0,13
1945	0,63	0,69	0,21
1946	0,63	0,75	0,54
1947	0,64	0,68	0,52
1948	0,62	0,59	0,57
1940	0,64	0,58	0,49
1950	0,63	0,65	0,65
1951	0,63	0,64	0,64
1952	0,65	0,62	0,57
1953	0,66	0,62	0,56
1954	0,66	0,69	0,53

[1] *Quelle:* Allan M. *Cartter,* Theory of Wages, a.a.O., S. 158 f.

die Beziehung

$$1 - \lambda = \frac{s_L}{\dfrac{J}{Y}\dfrac{1}{1-\lambda} - (1 - s_L) + (1 - s_G)\gamma}$$

und daraus:

$$1 - \lambda = \frac{\dfrac{J}{Y} - s_L}{s_G \gamma + (1 - \gamma) - s_L}.$$

Das ist die Verteilungsgleichung *Kaldors,* in der die Sparneigung aus den Gewinnen durch das gewogene arithmetische Mittel $s_G \gamma + (1 - \gamma)$ ersetzt wurde (vgl. Gleichung 5b auf S. 36).

Eine Erweiterung des Kaldor-Modells der Einkommensverteilung

Von *Ernst Helmstädter* (Bonn)

Kaldors statisches Modell der Einkommensverteilung[1] ist schon verschiedentlich erweitert worden. Seine Konstruktion und seine formalen Eigenschaften bieten sich hierfür geradezu an. Und warum sollte man bei nur zwei Einkommensklassen und zwei Einkommensverwendungsarten stehen bleiben, wo doch gerade eine stärkere Disaggregation der Einkommensklassen verteilungstheoretisch und empirisch interessant erscheint?

Die bisherigen Erweiterungsversuche waren unbefriedigend; die Gründe dafür werden sogleich zu erörtern sein. Bei dem vorliegenden Versuch wird eine begrenzte Anzahl von *institutionellen* Kreislaufpolen (Unternehmungen mit eigener Rechtspersönlichkeit, Staat, Sozialversicherung, Rentnerhaushalte u. a.) und von *funktionellen* Konten (Konsum von Gebrauchsgütern, Anschaffungssparen, Erwerb von Staatsanleihen u. a.) in die Betrachtung einbezogen. Steuersätze, Abgabesätze zur Sozialversicherung werden ebenso wie Ausgabe- bzw. Spareigungen berücksichtigt. Nicht nur die Primärverteilung, sondern auch die Sekundärverteilung wird erfaßt.

Methodisch gesehen handelt es sich um ein *interdependentes* Multiplikator-Modell des Einkommenskreislaufs. Seine generelle Lösung besteht in der Berechnung eines Matrix-Multiplikators.

Wir stellen zunächst das *Kaldor*-Modell in einer für die Erweiterung zweckmäßigen Weise dar, betrachten dann *Tobins* Generalisierung und *Bombachs* Erweiterung des *Kaldor*-Modells, um danach den eigenen Vorschlag an Hand von zwei Modellen zu erläutern.

Mit den bekannten Einwänden, daß es sich in Kreislaufmodellen vom *Kaldor*-Typ nur um die „Manipulation von Definitionsgleichungen"[2] handele, brauchen wir uns nicht zu befassen. Dazu ist nur festzustel-

---

[1] *Kaldor*, N., Alternative Theories of Distribution, Review of Economic Studies, Vol. XXIII (1955—56), S. 83—100 (Ziff. IV).
[2] *Niehans*, I., I., Die Wirkungen von Lohnerhöhungen, technischen Fortschritten, Steuern und Spargewohnheiten auf Preise, Produktion und Einkommensverteilung, in: *Schneider*, E., (Hrsg.), Einkommensverteilung und technischer Fortschritt, Schriften des Vereins für Socialpolitik NF Bd. 17, Berlin 1959, S. 85.

len, daß in diesem Modelltyp sehr wohl — wie in der Regel bei Kreislaufmodellen — Definitionsgleichungen vorkommen, aber notwendig auch eine hinreichende Anzahl von Bestimmungsfunktionen. Die Aufgabe besteht darin, die Gleichgewichtswerte einiger endogener Transaktionen unter Verwendung von Budgetgleichungen und Bestimmungsfunktionen zu berechnen.

1. Kaldors statisches Kreislaufmodell der Einkommensverteilung

Das *Kaldor*sche Kreislaufmodell umfaßt die folgenden Transaktoren und Transaktionen:

Transaktoren

- Ⓦ : Wirtschaft ⎫
- ⒜ⓗ : Arbeiterhaushalte ⎬ *institutionelle* Transaktoren
- ⓤⓗ : Unternehmerhaushalte ⎭

- ▭EK : Einkommenskonto ⎫
- ▭VK : Vermögensbildungskonto ⎬ *funktionelle* Transaktoren
- ⓚⓚ : Konsumkonto ⎭

Transaktionen

- $\bar{Y}$: Volkseinkommen (exogen)[3]
- $\bar{I}$: Investition (exogen)
- C : Konsum
- C_A : Konsum der ⒜ⓗ
- C_U : Konsum der ⓤⓗ
- S_A : Sparen der ⒜ⓗ
- S_U : Sparen der ⓤⓗ

---

[3] Es ist im Rahmen unserer Erörterung zweckmäßig, das Volkseinkommen ebenso wie die Investitionen als exogen gegeben anzunehmen. Bei *Kaldor* ist das Volkseinkommen allerdings nicht exogen gegeben, sondern nur die Investition. Mit Hilfe der gesamtwirtschaftlichen Sparfunktion ist dann unabhängig von den übrigen Variablen des Systems das Gleichgewichtseinkommen endogen zu bestimmen. Eine solche Endogenisierung oder eine zweckmäßigere kann also jederzeit angefügt werden.

Eine Erweiterung des Kaldor-Modells

Das zugehörige Flußdiagramm ist in Fig. 1 dargestellt. Für dieses Kreislaufsystem haben wir nach dem *Walras*-Gesetz 5 unabhängige Budgetgleichungen:

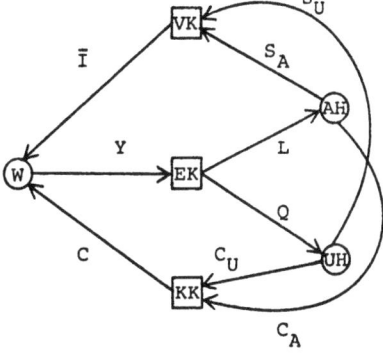

Fig. 1

Abzulesen am Transaktor:

(1) $Q \equiv \bar{Y} - L$ [EK]
(2) $C_A \equiv L - S_A$ (AH)
(3) $C_U \equiv Q - S_U$ (UH)
(4) $C \equiv C_A + C_U$ (KK)

Definitorischer Ausgleich der betreffenden Transaktoren durch Saldentransaktionen

(5) $\bar{I} = S_A + S_U$ [VK] | Gleichgewichtsbedingung

Zur Bestimmung der 7 endogenen Transaktionen benötigen wir noch 2 Bestimmungsfunktionen:

(6) $S_A = s_A L$
(7) $S_U = s_U Q$

Sparfunktion der AH und UH.

Die diesen Gleichungen entsprechende Relationenmatrix ist in Fig. 2 dargestellt. Ein "O" bedeutet, daß in der betreffenden Gleichung die in der Kopfzeile aufgeführte Variable vorkommt.

Relationenmatrix zum Kaldor-Modell

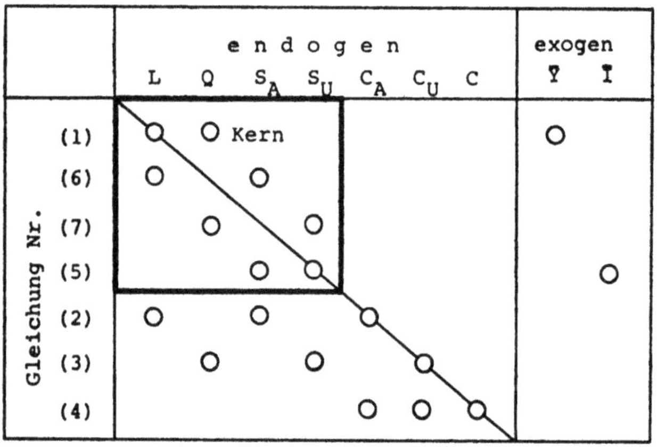

Fig. 2

Wir können das Gleichungssystem zerlegen in die Gleichungen des „Kerns" (eingerahmtes Feld in Fig. 2) und in die übrigen Gleichungen. Die Gleichungen des Kerns lassen sich noch dadurch komprimieren, daß wir (6) und (7) in (5) einsetzen. Dann haben wir zur simultanen Bestimmung von L und Q das folgende Gleichungssystem

(8)
$$\begin{bmatrix} 1 & 1 \\ s_A & s_U \end{bmatrix} \times \begin{bmatrix} L \\ Q \end{bmatrix} = \begin{bmatrix} \overline{Y} \\ \overline{I} \end{bmatrix}$$

oder

(9) $\quad K y = x \quad$ | K: Kaldor-Matrix
y: Vektor der endogenen Transaktionen
x: Vektor der exogenen Transaktionen

Die Lösung lautet

(10) $\quad y = K^{-1} x$.

Die Matrix K^{-1} nennen wir den *Kaldor*-Multiplikator. Er lautet für die *Kaldor*-Matrix in (8):

(11) $\quad K^{-1} = \begin{bmatrix} \dfrac{s_U}{D} & \dfrac{-1}{D} \\ \dfrac{-s_A}{D} & \dfrac{1}{D} \end{bmatrix} \quad$ mit $D = s_U - s_A = \begin{vmatrix} 1 & 1 \\ s_A & s_U \end{vmatrix}$

Nach der Bestimmung der Gleichgewichtswerte von L und Q gemäß (10) sind sukzessiv auch die übrigen endogenen Transaktionen S_A, S_U, C_A, C_U und C zu ermitteln.

Die Lösung läßt sich in einem L-Q-Diagramm veranschaulichen[4]. Eine andere Möglichkeit bietet sich in Analogie zum 45°-Linienschema. In Fig. 3 stellt Y die Seitenlänge eines Quadrates dar.

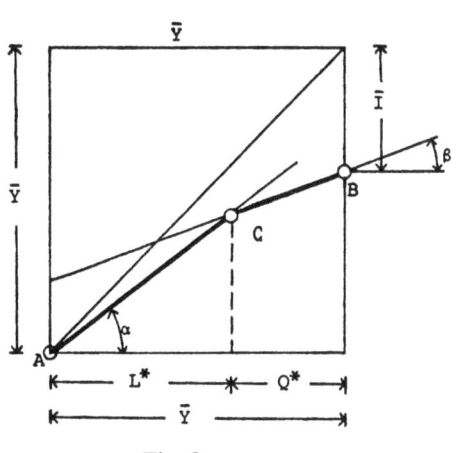

Von der rechten oberen Ecke tragen wir $\bar{I}$ nach unten ab. Wir ziehen durch A eine Gerade mit der Steigung

$$\operatorname{tg} \alpha = 1 - s_A$$

und durch B eine Gerade mit der Steigung

$$\operatorname{tg} \beta = 1 - s_U.$$

Fig. 3

Der Schnittpunkt beider Geraden in C bestimmt die Gleichgewichtswerte von L und Q (L^* bzw. Q^*)[5]. Das Boxdiagramm erinnert an das 45°-Linienschema. Wir denken uns in der senkrechten Richtung die monetäre Nachfrage und in der waagerechten Richtung das verfügbare Einkommen abgetragen. Die Linie ACB ist dann als Konsumfunktion zu betrachten, deren Knick die Verteilung bestimmt. Dieses Boxdiagramm ist nützlich zur anschaulichen Darstellung der Wirkung der Änderung der Parameter $\bar{Y}$, $\bar{I}$, s_A und s_U auf die Höhe der Einkommensarten L und Q. Darauf ist hier jedoch nicht weiter einzugehen.

---

[4] Nach dem Vorgang von *Schneider* und *Stobbe*. Siehe: *Schneider*, E., Einkommen und Einkommensverteilung in der makroökonomischen Theorie, L'industria, Milano 1957, S. 262 und *Stobbe*, A., Untersuchungen zur makroökonomischen Theorie der Einkommensverteilung, Tübingen 1962, S. 83.

[5] Die durch A laufende Gerade sei: (a) $X = (1 - s_A) Y$. Der Ordinatenabschnitt der durch B laufenden Geraden beträgt: $\bar{Y} - \bar{I} - (1 - s_U) Y = s_U \bar{Y} - \bar{I}$. Somit lautet die Gleichung der zweiten Geraden (b) $Z = s_U \bar{Y} - \bar{I} + (1 - s_U) Y$. Beim Punkt C ist $X = Z$ und somit der Y-Wert:

(c) $$Y = \frac{s_U \bar{Y} - \bar{I}}{s_U - s_A} \quad (= L^* \text{ gem. (10) und (11))}.$$

2. Bisherige Erweiterungsversuche des Kaldor-Modells

a) Tobins Generalisierung des Kaldor-Modells

Tobin[6] hat in einem witzigen Angriff auf das *Kaldor*-Modell die darin enthaltenen Einkommensklassen und Güterarten parallel vermehrt. Sei q_i der Anteil der Einkommensklassen $i = 1, 2, \ldots, n$ am Volkseinkommen, y_j die Quote der Güterart $j = 1, 2, \ldots, n$ am Sozialprodukt und b_{ij} der Bruchteil ihres Einkommens, den die Einkommensklasse i für den Kauf der Güterart j ausgibt, dann gilt für die betreffenden Vektoren q und y bzw. die Matrix B:

(12) $\quad B q = y \quad$ | B: Matrix der Ausgabenkoeffizienten
q: Vektor der Einkommensquoten
y: Vektor der Fertiggüterquoten

Die Lösung lautet:

(13) $$q = B^{-1} y$$

Im einfachen *Kaldor*-Modell hätten wir für (12):

(14) $$\begin{bmatrix} 1 - s_A & 1 - s_U \\ s_A & s_U \end{bmatrix} \times \begin{bmatrix} \dfrac{L}{Y} \\ \dfrac{Q}{Y} \end{bmatrix} = \begin{bmatrix} \dfrac{C}{Y} \\ \dfrac{I}{Y} \end{bmatrix}$$

Dieses Gleichungssystem läßt sich durch Lineartransformation aus (8) herleiten[7]: Die Lösungen von (14) und (8) sind daher konsistent.

Tobins „Generalisierung" des *Kaldor*-Modells besteht darin, die Vektoren der Einkommens- und Ausgabenquoten sowie die Matrix der Ausgabenkoeffizienten gleichmäßig zu strecken. Dabei ist die Streckung des Vektors der Konsumquoten völlig unabhängig von der Streckung des Vektors der Einkommensquoten. Gefordert wird nur, daß die Zahl der Elemente beider Vektoren gleich ist.

Wenn dieses Vorgehen ökonomisch sinnvoll wäre, dann könnte man das System (14) in Anlehnung an *Lautenbach*[8] in folgender Weise abwandeln: Man unterscheidet nach der Einkommensseite die Klasse der

---

[6] *Tobin*, J., Towards a *General* Kaldorian Theory of Distribution, Review of Economic Studies, Vol. XXVII (1959—60), S. 121 f.

[7] Beide Gleichungen von (8) sind durch Y zu dividieren, dann ist von der ersten Gleichung die zweite zu subtrahieren.

[8] Leider habe ich vergeblich die Fundstelle in den Arbeiten von W. *Lautenbach* gesucht. An der betreffenden Stelle führt *Lautenbach* aus, daß man wohl das *Unternehmereinkommen* in seiner Abhängigkeit vom Unternehmerkonsum, der Investition und dem Sparen der Nicht-Unternehmer darstellen kann, daß es aber ökonomisch unsinnig ist, das Einkommen der „Fritze" als von ihrem Konsum, der Investition und dem Sparen der „Nicht-Fritze" abhängig anzusehen. In formaler Hinsicht sei allerdings kein Unterschied zwischen beiden Gleichungen.

„Fritze" von der der „Nicht-Fritze" und nach der Produktseite etwa „Marmelade" und „Nicht-Marmelade". Dann wäre ein (14) entsprechendes Gleichungssystem aufzustellen. Seine Lösung ergäbe, daß die Einkommensquoten der „Fritze" und der „Nicht-Fritze" von den spezifischen Neigungen zum Marmeladenverbrauch abhängen. — Der Ökonomische Sinn dieser Umformulierung des *Kaldor*-Modells ist nicht fragwürdiger als jener der *Tobin*schen „Generalisierung".

Ökonomisch sinnlos wird das „generalisierte" *Kaldor*-Modell einmal deswegen, weil der Unterschied der Ausgabe-Koeffizienten der Einkommensklassen hinfällig wird. Weshalb sollte sich die Marmelade-Verbrauchsneigung bei „Fritzen" und „Nicht-Fritzen" überhaupt unterscheiden? Bei den Spar- bzw. Konsumneigungen zwischen Arbeitnehmer- und Unternehmerhaushalten besteht jedoch ein fundamentaler Unterschied. Er wird *formal* für die Nicht-Singularität der Koeffizientenmatrix, d. h. für die Lösbarkeit des Systems benötigt.

Der zweite ökonomische Gesichtspunkt, den *Kaldor* in seiner Entgegnung auf *Tobin* besonders heraustreicht, betrifft die Kausalbeziehung zwischen Einkommensverwendung und Einkommensentstehung. Es sei selbstverständlich unsinnig zu sagen, daß der Produktionsanteil der Gänseleberpastete die Einkommensquote der Feinschmecker bestimme. Das Gegenteil sei richtig[9]!

Für eine wichtige Ausgabenart gilt das jedoch nicht: für die Investitionen. Sie sind (nach *Kaldor*) einkommmens*bestimmend* und nicht einkommens*bestimmt*. Deswegen greift *Kaldor* gerade diese Ausgabenart heraus.

b) Bombachs Matrixmultiplikator-Modell[10]

Bombachs Verteilungsmodell ist *formal* gesehen ein Matrixmultiplikator-Modell ebenso wie das *Kaldor*-Modell. „Die Gemeinsamkeit mit dem *Kaldor*-Modell besteht — *materiell* (E. H.) — darin, daß Investitionstätigkeit und Konsumverhalten entscheidend die Verteilung bestimmen[11]." Charakteristisch ist ferner der Einbau von technologischen Inputfunktionen, der das Modell in die Nähe des *Leontief*-Modells rückt[12].

---

[9] *Kaldor, N.*, A Rejoinder to Mr. Atsumi and Professor Tobin, The Review of Economic Studies, Vol. XXVII (1959—1960), S. 123.
[10] *Bombach, G.*, Die verschiedenen Ansätze der Verteilungstheorie in: *Schneider, E.* (Hrsg.), Einkommensverteilung und technischer Fortschritt, Schriften des Vereins für Socialpolitik, NF Bd. 17, Berlin 1959, S. 142—145 und S. 150—154.
[11] *Bombach, G.*, a.a.O., S. 145.
[12] *Krelle, W.*, Verteilungstheorie, Tübingen 1962, S. 84.

Tatsächlich ist *Bombachs* Modell eine Mischung aus *Kaldors* Verteilungsmodell und *Leontiefs* Input-Output-Modell. Seine drei „*Bereiche*" (Wirtschaft einschließlich Unternehmerhaushalte, Staat, Lohnempfängerhaushalte) sind *sowohl Produktions- wie Haushaltssektoren*.

Die dem Modell zugehörige Transaktionenmatrix ist in Fig. 4 dargestellt (vgl. auch die dort gegebene Erläuterung der Transaktionen).

Mit *Leontief* nimmt *Bombach* an, daß

(15) $\qquad x_{ik} = a_{ik} x_k \qquad | \qquad a_{ik}$: Inputkoeffizient

und mit *Kaldor*, daß

(16) $\qquad C_{ik} = c_{ik} Y_k \qquad | \qquad c_{ik}$: Konsumkoeffizient

Transaktionenmatrix zu Bombachs Modell

		Vorlieferungen an			Konsumgüterlieferungen an			exogene Lieferungen	Σ
		1	2	3	1	2	3		
Lieferungen von	1	X_{11}	X_{12}	X_{13}	C_{11}	C_{12}	C_{13}	B_1	X_1
	2	X_{31}	X_{32}	X_{33}	C_{21}	C_{22}	C_{23}	B_2	X_2
	3	X_{21}	X_{22}	X_{23}	C_{31}	C_{32}	C_{33}	B_3	X_3
exogene Bezüge einschl. Transfer		F_1	F_2	F_3					
verfügb. Einkommen		Y_1	Y_2	Y_3					
Σ		X_1	X_2	X_3					

Fig. 4

X_i : Bruttoproduktion des Bereichs i;

B_i : Lieferungen von Investitionsgütern und Exportgütern (exogen) vom Bereich i;

F_i : Bezüge aus dem Ausland[13], Abschreibungen, Steuern des Bereichs i, abzüglich Netto-Transfer an Bereich i (exogen);

Y_i : Verfügbares Einkommen des Bereichs i;

X_{ik} : Vorlieferung von Bereich i an k;

C_{ik} : Konsumgüterlieferung von Bereich i an k.

---

[13] Wir nehmen der Einfachheit halber die Bezüge aus dem Ausland als exogen vorgegeben an. *Bombach* benutzt Importfunktionen (Importe proportional der Bruttoproduktion).

Wir führen nun die folgenden Bezeichnungen ein:

A: Matrix der Inputkoeffizienten
C: Matrix der Konsumkoeffizienten
x: Vektor der Bruttoproduktion
b: Vektor der exogenen Endnachfrage
t: Vektor der exogenen Primärkosten
y: Vektor des verfügbaren Einkommens.

Dann gilt für den Einkommensvektor:

(17) $\quad y = (I - A') x - t$.

Für den Vektor der Bruttoproduktion haben wir im Rahmen des *Leontief*-Modells:

(18) $\quad x = Ax + Cy + b$.

Daraus erhalten wir die Produktionslösung

(19) $\quad x = (I - A)^{-1}(Cy + b)$.

Dies in (17) eingesetzt und nach y gelöst, ergibt schließlich die Lösung à la *Kaldor*:

(20) $\quad y = \{I - (I - A')(I - A)^{-1} C\}^{-1} \{(I - A')(I - A)^{-1} b - t\}$.

Die Produktions- und Konsumkoeffizienten bestimmen somit den Matrixmultiplikator des *Bombach*-Modells. Die Einkommen der Bereiche sind das Produkt aus diesem *Bombach*-Matrixmultiplikator und den exogenen Größen[14].

Die Kritik am *Bombach*-Modell muß an der Definition der drei Bereiche ansetzen. Diese sind sowohl Produktions- wie auch Haushaltssektoren. Diese Doppelfunktion der Bereiche stellt die Crux des Modells dar. Von vornherein ist es schon einmal begrifflich unbefriedigend, wenn den Bereichen qua Produktionssektoren Konsumkoeffizienten und den Bereichen qua Haushalten Inputkoeffizienten zugeschrieben werden.

Faßt man die Bereiche des *Bombach*-Modells als reine Produktionssektoren (Wirtschaftsgruppen) im Sinne des *Leontief*-Modells auf, so wird die Einkommensverteilung *nach Wirtschaftsgruppen* erklärt[15]. Dubios sind dann allerdings die Konsumkoeffizienten. Sollen die Konsumneigungen davon abhängen, in welchem Sektor das Einkommen verdient wird? Eine solche Hypothese dürfte unrealistisch sein.

---

[14] Der Vektor der exogenen Endnachfrage b ist allerdings zuerst mit dem Matrixmultiplikator $(I - A')(I - A)^{-1}$ zu multiplizieren.
[15] So *Krelle*, W., a.a.O., S. 84 f.

Die Vermischung von Produktions- und Haushaltssektoren mag in dem doch relativ stark aggregierten *Bombach*-Modell noch eben angängig sein. Eine generelle Erweiterung des so konzipierten Modells auf n Bereiche erscheint jedoch nicht vertretbar.

c) Ähnliche Modelle der Einkommensverteilung

Ein weitgehend disaggregiertes Kreislaufmodell der Verteilung, das die wesentlichen Elemente des *Kaldor*-Modells enthält, findet sich bei *Stobbe*[16]. Sein umfangreiches Grundmodell VI.1 wird jedoch nicht generell gelöst, weil es *Stobbe* nicht auf den Matrixmultiplikator, sondern auf *partielle* Multiplikatoren für die staatliche Aktivität ankommt, die unter vereinfachenden Annahmen abgeleitet werden.

Ein ähnliches Modell betrachtet auch *Krelle*[17]. Auch hier interessieren nur partielle Multiplikatoren. Das Gleichungssystem kann sukzessive gelöst werden. Eine eigentliche Interdependenz der Transaktionen — die zur Berechnung eines Matrixmultiplikators zwingen würde — liegt nicht vor.

Stobbes und *Krelles* Modelle zeigen, daß man durch die Unterscheidung mehrerer Haushalte nicht zu Matrixlösungen gezwungen ist.

3. Ein neuer Erweiterungsversuch zum Kaldor-Modell

Wir versuchen, das *Kaldor*-Modell in systematischer Weise als Matrixmultiplikator-Modell zu erweitern. Dabei gehen wir von der Formulierung des Modells unter Ziffer 1. aus. Wir erweitern dieses Modell in einem ersten Schritt zunächst so, daß die *Kaldor*-Matrix um eine Zeile und eine Spalte, später um weitere drei Zeilen und drei Spalten zunimmt.

a) Erster Schritt

Wir fügen dem Kaldor-Modell (vgl. oben Ziff. 1.) an:

die institutionellen *Transaktoren*

    (AG) : Aktiengesellschaften (Unternehmungen mit eigener Rechtspersönlichkeit)[18]

    (ST) : Staat

---

[16] *Stobbe*, A., Untersuchungen zur makroökonomischen Theorie der Einkommensverteilung, Tübingen 1962, S. 143 ff.
[17] *Krelle*, W., a.a.O., S. 126—134.

und die *Transaktionen*

$\overline{A}$: Staatsausgaben (exogen)

T_i: Direkte Steuern der Transaktoren AH, UH, AG.

Wir belegen die Haushaltstransaktoren (AH), (UH) und (AG) mit den Ziffern $i = 1, 2, 3$ und bezeichnen die Bruttoeinkommen mit Y_i. Die Sparquote s_i bezeichnet jetzt den Einkommensanteil, der vom Bruttoeinkommen *vor* Steuerabzug vom Transaktor $i = 1, 2, 3$ gespart wird. r_i sei der Steuersatz des Transaktors $i = 1, 2, 3$. Der Kern des so erweiterten *Kaldor*-Modells lautet jetzt:

$$(21) \quad \begin{bmatrix} 1 & 1 & 1 \\ s_1 & s_2 & s_3 \\ r_1 & r_2 & r_3 \end{bmatrix} \times \begin{bmatrix} Y_2 \\ Y_2 \\ Y_3 \end{bmatrix} = \begin{bmatrix} \overline{Y} \\ \overline{I} \\ \overline{A} \end{bmatrix} \quad \text{(vgl. (8))}$$

oder in Kurzform:

$$(22) \quad K y = x .$$

Die Lösung ist wiederum

$$(23) \quad y = K^{-1} x .$$

Bei gegebenen exogenen Größen $\overline{Y}$, $\overline{I}$ und $\overline{A}$ hängt somit die Verteilung von den Sparneigungen und den Steuersätzen ab.

Es ist interessant zu bemerken, daß die partiellen Multiplikatoren des *Kaldor*-Matrixmultiplikators je nach der Höhe des Koeffizienten unterschiedliche Vorzeichen haben können. Man kann hiernach also nicht mehr *generell* sagen, welches Einkommen durch Änderungen der exogenen Ströme begünstigt oder benachteiligt wird. Zur Erläuterung diene das folgende umseitige *Zahlenbeispiel*.

Die *Kaldor*-Matrix (II) unterscheidet sich von der *Kaldor*-Matrix (I) nur durch die Sparquote der (AH) (in (I): 0,18; in (II): 0,09). Die Vorzeichen der partiellen Multiplikatoren sind in den Matrixmultiplikatoren (III) und (IV) gerade vertauscht, weil die Determinante der Matrix (I) negativ ($-$ 0,006) und die Determinante der Matrix (II) positiv (0,012) ist.

Der niedrige Wert der Determinante läßt die partiellen Multiplikatoren besonders groß werden. Erhöht sich beispielsweise die Investition um eine Einheit, so vermindert sich nach dem Matrixmultiplikator (III)

---

[18] Dieser Transaktor tritt im Modell wie der AH- und UH-Transaktor auf. AG ist ein Quasi-Haushaltssektor, da er Einkommen (unausgeschüttete Gewinne) bezieht und verwendet.

	Kaldor-Matrix		Kaldor-Matrixmultiplikator	
(I)	1,00 1,00 1,00 0,18 0,30 0,40 0,10 0,40 0,60	(III)	− 3 ⅓ 33 ⅓ − 16 ⅓ 11 ⅓ − 83 ⅓ 36 ⅔ − 7 50 − 20	
(II)	1,00 1,00 1,00 0,09 0,30 0,40 0,10 0,40 0,60	(IV)	1 ⅔ − 16 ⅔ 8 ⅓ − 1 5/30 41 ⅔ − 25 25/30 0,5 − 25 17,5	

das Unternehmereinkommen um 83 ⅓ Einheiten, das Lohneinkommen erhöht sich um 11 ⅓ Einheiten. Entgegengerichtete Änderungen ergeben sich beim Matrixmultiplikator (IV).

b) Ein umfassenderes Kaldor-Modell

Wir erweitern die Zahl der institutionellen Haushaltssektoren auf 6:

Nr. Bezeichnung

1 (AH) : Haushalte der Arbeiter und Angestellten
2 (BH) : Beamtenhaushalte (bzw. Haushalte der öffentlich Bediensteten)
3 (RH) : Rentnerhaushalte
4 (SH) : Haushalte selbständiger Kleinunternehmer in Handel, Gewerbe und Landwirtschaft einschließlich Freiberufe
5 (IH) : Haushalte industrieller Unternehmer
6 (AG) : Aktiengesellschaften

Ferner führen wir den institutionellen Transaktor

[SV] : Sozialversicherung und andere Versicherungen

ein. Der bisherige Transaktor [VK] wird in drei funktionelle Transaktoren aufgegliedert:

[GK] : Vermögensbildungskonto für privates Gebrauchsvermögen
[VP] : Vermögensbildungskonto für privates Sachvermögen
[VÖ] : Vermögensbildungskonto für Sachvermögen der öffentlichen Hand.

Die folgenden endogenen Transaktionen und linearen Bestimmungsfunktionen treten neu hinzu:

(24) $\quad B_i = b_i Y_i\quad$: Versicherungsbeitrag des Haushaltssektors i

(25) $\quad G_i = g_i Y_i\quad$: Anschaffungssparen des Haushaltssektors i

(26) $\quad A_i = a_i Y_i\quad$: Sparen in Form des Erwerbs öffentlicher Anleihen durch Haushaltssektor i.

An exogenen Transaktionen führen wir ein:

$\bar{I}_P$ = Private Investition

$\bar{I}_{ST}$ = Staatliche Investition

$\bar{G}$ = Gebrauchsvermögensbildung

$\bar{Z}$ = Zuschuß des Staates zur Sozialversicherung

Jetzt können wir das folgende Gleichungssystem des Kerns anschreiben:

(27)
$$\begin{bmatrix} 1 & 0 & 0 & 1 & 1 & 1 \\ s_1 & s_2 & s_3 & s_4 & s_5 & s_6 \\ r_1 & -1 & r_3 & r_4 & r_5 & r_6 \\ -b_1 & -b_2 & 1 & -b_4 & -b_5 & 0 \\ g_1 & g_2 & g_3 & g_4 & g_5 & 0 \\ a_1 & a_2 & a_3 & a_4 & a_5 & a_6 \end{bmatrix} \times \begin{bmatrix} Y_1 \\ Y_2 \\ Y_3 \\ Y_4 \\ Y_5 \\ Y_6 \end{bmatrix} = \begin{bmatrix} Y \\ \bar{I}_P \\ \bar{A}+\bar{Z} \\ \bar{Z} \\ \bar{G} \\ \bar{I}_{ST} \end{bmatrix}$$

In der vorstehenden *Kaldor*-Matrix sind nur an den Stellen Nullen eingesetzt, an denen definitionsgemäß eine Null erscheinen muß. Eine Anzahl von Koeffizienten wird außerdem normalerweise einen Wert von Null annehmen.

In Matrixschreibweise lautet (27):

(28) $\quad\quad\quad\quad K y = x$

und die Lösung für die endogenen Transaktionen ist wiederum:

(29) $\quad\quad\quad\quad y = K^{-1} x$.

In Fig. 5 ist das Flußdiagramm, das (27) zugehört, angegeben. An den Transaktoren [EK] und [VP] bis [VÖ] sind die dem System (27) zugehörigen Zeilen der Reihe nach abzulesen. Die exogenen Transaktionen und die Y_i-Transaktionen sind besonders gekennzeichnet, die übrigen 28 endogenen Transaktionen sind nur durch Linien angedeutet. Das Diagramm der Fig. 5 zeigt, daß den 6 institutionellen Haushaltstransaktoren 6 institutionelle und funktionelle Transaktoren gegenüberstehen, an denen sich die die Haushaltssektoren berührenden Transaktionen verzweigen bzw. zusammenlaufen.

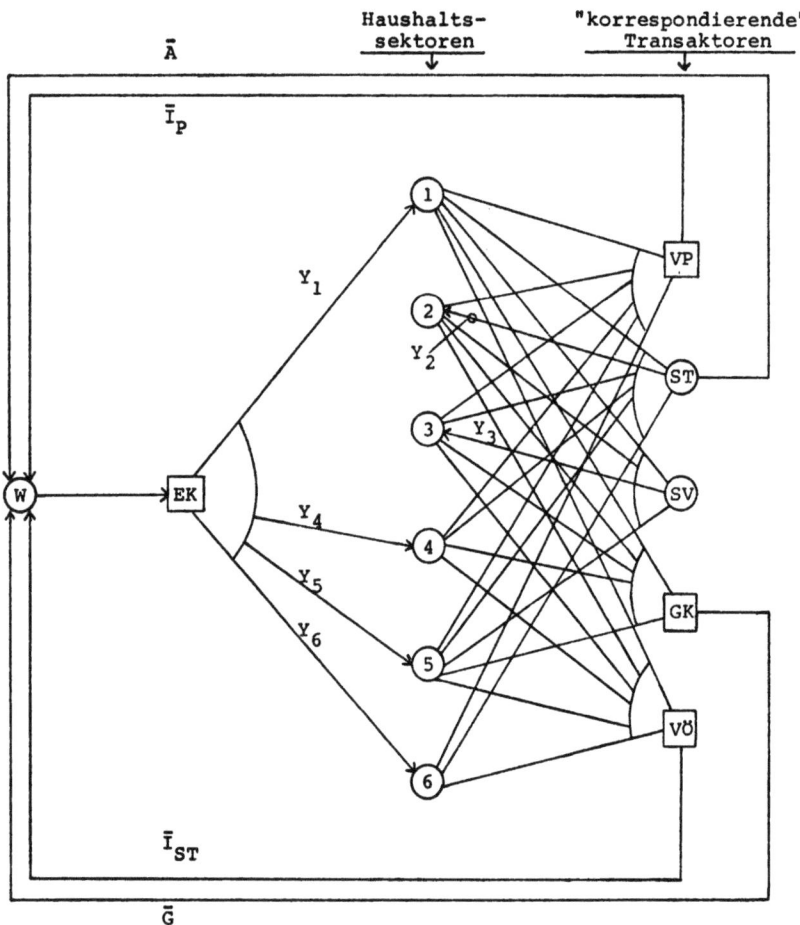

Fig. 5. Flußdiagramm zum Gleichungssystem (27)

4. Zusammenfassung

Wir haben das *Kaldor*-Modell in einer für dieses Modell charakteristischen Weise erweitert, indem wir einerseits eine ökonomisch sinnvolle Unterteilung der Haushaltssektoren vorgenommen haben. Zum andern wurden die damit korrespondierenden institutionellen und funktionellen Transaktoren in entsprechender Anzahl aufgefächert. Es besteht kein direkter Zusammenhang zwischen diesen beiden Untergliederungen, doch verlangt die quadratische Form der *Kaldor*-Matrix die parallele Ausdehnung in beiden Richtungen.

Wir sind in der Darstellung des *Kaldor*-Modells und seiner Erweiterung bewußt schematisch vorgegangen, um das Charakteristische dieses Modells hervortreten zu lassen. Charakteristisch ist eben, daß die Betrachtung sich auf Haushaltssektoren und auf ökonomisch relevante Transaktionen dieser Haushaltssektoren bezieht. Dabei werden feste Ausgabekoeffizienten angenommen.

Das Modell dürfte (unter unwesentlichen Modifikationen) empirisch anwendbar sein. Dies gilt zunächst für die Transaktionenmatrix, die (27) zugehört (vgl. auch Fig. 5). Diesbezügliche empirische Arbeiten sind bereits aufgenommen worden im Rahmen eines von der Deutschen Forschungsgemeinschaft finanzierten größeren Projekts („Mittelfristiges Prognosemodell für die BRD").

Ob sich bei einer simultanen Schätzung die Koeffizienten der *Kaldor*-Matrix gem. (27) aus den Transaktionenmatrizen für 1950—1967 bestimmen lassen, ist eine andere Frage, auf die hier nicht einzugehen ist.

Auf eines ist jedoch noch hinzuweisen: Die Annahme exogener Transaktionen zeigt die Unvollständigkeit des Modells. Das Modell behandelt nur den Verteilungsaspekt des volkswirtschaftlichen Kreislaufs. In einem umfassenderen Modell wären die hier exogen eingeführten Transaktionen eigentlich alle zu „endogenisieren". Das ist ohne prinzipielle Schwierigkeiten möglich. Jedenfalls sollte man das statische *Kaldor*-Modell als Teilmodell auffassen, das der Ergänzung und der Anlehnung an ein umfassenderes Modell bedarf.

Fluktuationen in einer wachsenden Wirtschaft unter klassischen Bedingungen

Von *Winfried Vogt* (Regensburg)

Im folgenden sollen Bedingungen aufgezeigt werden, unter denen in einem gesamtwirtschaftlichen Modell klassischer Prägung ein Wachstum eintritt, das von ständigen endogenen Fluktuationen überlagert ist, eine Erscheinung also, die man heute als Wachstumszyklen bezeichnen würde. Ich bin keineswegs der Meinung, daß die Bedingungen, die sich ergeben, als realistisch bezeichnet werden können. Es ist z. B. höchst zweifelhaft, ob man in einem klassischen System überhaupt sinnvoll über Konjunkturschwankungen reden kann, ohne den Keynesschen Aspekt zu berücksichtigen, nach dem das Angebot von der Nachfrage bestimmt wird. Aber wenn man sieht, wie wenig bisher das Problem gelöst ist, ein gesamtwirtschaftliches Modell zu konstruieren, das zu endogenen, ungedämpften, aber auch nicht explosiven Wachstumszyklen führt, muß jeder mögliche Ansatzpunkt ausgenutzt werden. Zur Berücksichtigung eines endogenen Wachstums braucht man den klassischen Ansatz. Die Frage ist, welches gewissermaßen die geringsten Modifikationen sind, die dieser Ansatz erfahren muß, damit neben dem Wachstum auch relativ gleichbleibende Schwankungen auftreten. Um diese Modifikationen geht es im folgenden. Der Einfachheit halber wird eine konstante Technik unterstellt, so daß das Wachstum im Sinne der gleichmäßig fortschreitenden Wirtschaft Cassels oder des von Neumann-Modells zu verstehen ist. Es handelt sich — bei insgesamt konstanten Skalenerträgen — um eine gleichmäßige Ausdehnung von Arbeit, Kapital und Produktion. Ausgangspunkt der Betrachtungen ist eine Wettbewerbswirtschaft, in der mit den Produktionsfaktoren Arbeit und Kapital in vielen Unternehmungen ein Gut hergestellt wird, das sowohl zu Konsum- als auch zu Investitionszwecken verwendet werden kann. Nachfrager nach Konsumgütern sind die Arbeiter, die nicht sparen, Nachfrager nach Investitionsgütern (mit unbeschränkter technischer Lebensdauer) die Unternehmungen. Arbeit ist im Überfluß vorhanden, d. h. die Arbeitsnachfrage der Unternehmungen auf dem Arbeitsmarkt wird beim herrschenden Reallohn stets befriedigt. Dieser Reallohn ist konstant, er sichert gerade das Existenzminimum der Arbeiter. Die beiden letzten Annahmen stimmen natürlich mit der Voraussetzung überein, daß es keinen technischen Fortschritt gibt. Die Kapitalisten, die nicht konsumieren, bieten als Bezieher von Zins- und Residualeinkommen diese Einkommen auf dem Kapitalmarkt an, wo die Unternehmungen als Nachfrager nach Kapital zur Investitionsfinanzierung auftreten. Im übrigen soll es sich um eine Wettbewerbswirtschaft mit allseitigem Mengenanpasserverhalten handeln, in der die Unternehmer nach Gewinnmaximierung streben.

I.

Es ist zweckmäßig, mit einigen mikroökonomischen Relationen zu beginnen. Die Produktion des sowohl für Konsum- als auch für Investitionszwecke verwendbaren Gutes werde von z Unternehmungen durchgeführt. Im Besitz dieser Unternehmungen befinden sich im Zeitpunkt t Kapitalgüter verschiedener Jahrgänge τ ($\tau \leq t$). $I_i(\tau)$ bezeichne die Anzahl der Kapitalgüter vom Jahrgang τ, die sich im Besitz der i-ten Unternehmung befinden ($i = 1, 2, \ldots, z$). Die Zahl der Arbeitskräfte, die an den Kapitalgütern vom Jahrgang τ in der i-ten Unternehmung beschäftigt sind, betrage $n_i(\tau)$. Die mit Kapitalgütern vom Jahrgang τ in der i-ten Unternehmung produzierbare Gütermenge $y_i(\tau)$ sei durch die Produktionsfunktion

(1) $$y_i(\tau) = B(\tau) \cdot I_i(\tau)^\alpha n_i(\tau)^\beta, \qquad \begin{aligned} &i = 1, 2, \ldots, z \\ &0 < \alpha < 1 \\ &0 < \beta < 1 \\ &\alpha + \beta < 1 \end{aligned}$$

gegeben, die abnehmende Skalenerträge aufweist. Der Faktor $B(\tau)$ kann, wie unten ausgeführt wird, durch externe Erträge zunehmen. Der Einfachheit halber ist angenommen, daß sich die Produktionsfunktionen der einzelnen Unternehmungen nicht unterscheiden, d. h. B, α und β haben für alle Unternehmungen die gleichen Werte.

Die Nachfrage einer Unternehmung nach Investitionsgütern und nach den dafür erforderlichen Arbeitskräften im Jahrgang τ ergibt sich, wenn man langfristige Gewinnmaximierung voraussetzt, durch Maximierung des entsprechenden Kapitalwertes der Investition. Bei unbeschränkter Lebensdauer der Kapitalgüter, beim Reallohnsatz l und einem Zinssatz r als Diskontierungsfaktor ist der Kapitalwert:

$$\frac{y_i(\tau) - l\, n_i(\tau)}{r(\tau)} - I_i(\tau) .$$

(Der Güterpreis ist dabei als numéraire gleich eins gesetzt.)

Zins- und Lohnsatz sollen von den Unternehmungen als gegebene Größen betrachtet werden. Dann werden zur Bedienung gegebener neuer Anlagen Arbeitskräfte so nachgefragt, daß der Periodengewinn $y_i(\tau) - ln_i(\tau)$ möglichst groß wird, was dann der Fall ist, wenn die Arbeitskräfte nach ihrer Grenzproduktivität entlohnt werden:

(2) $$\partial y_i/\partial n_i = l.$$

Mit (1) ergibt sich daraus die individuelle Nachfragefunktion einer Unternehmung nach Arbeitskräften für den Jahrgang τ:

(2') $$n_i(\tau) = \left(\frac{\beta B(\tau)}{l}\right)^{\frac{1}{1-\beta}} \cdot I_i(\tau)^{\frac{\alpha}{1-\beta}}.$$

Die Maximierung des Kapitalwertes in bezug auf die Zahl der anzuschaffenden Investitionsgüter führt zu der Bedingung, daß die Grenzproduktivität der Investitionen gleich dem Zinssatz sein muß:

(3) $$\partial y_i/\partial I_i = r.$$

Mit (1) und (2') ergibt sich die folgende individuelle Nachfragefunktion einer Unternehmung nach Investitionsgütern des betreffenden Jahrgangs:

(3') $$I_i^N(\tau) = \left[\alpha^{1-\beta}\left(\frac{\beta}{l}\right)^\beta B(\tau)\right]^{\frac{1}{1-\alpha-\beta}} \cdot r(\tau)^{-\frac{1-\beta}{1-\alpha-\beta}}.$$

Es ist wichtig, im folgenden die Nachfrage I^N von der tatsächlichen Investition I zu unterscheiden. Wie zu erwarten, nimmt die individuelle Investitionsnachfrage mit steigendem Zinssatz ab.

Es ist nicht schwer zu zeigen, daß die notwendigen Bedingungen (2) und (3) unter den gegebenen Voraussetzungen wirklich zu einem Maximum des Kapitalwertes führen. Die hinreichende Bedingung,

$$\frac{\partial^2 y_i}{\partial I_i^2} \frac{\partial^2 y_i}{\partial n_i^2} - \left(\frac{\partial^2 y_i}{\partial I_i \partial n_i}\right)^2 > 0, \quad \frac{\partial^2 y_i}{\partial I_i^2} < 0, \quad \frac{\partial^2 y_i}{\partial n_i^2} < 0,$$

ist wegen der Abnahme der Skalenerträge ($1 - \alpha - \beta > 0$) erfüllt. Die Annahme abnehmender Skalenerträge ist somit für die Existenz individueller Betriebsoptima erforderlich.

II.

Wenn die vorausgesetzte Abnahme der Skalenerträge nicht nur einzel-, sondern auch gesamtwirtschaftlich gelten würde, könnte normalerweise kein ständiges Wachstum eintreten. Die Abnahme der Skalenerträge soll indes nur für den Fall gelten, daß eine Unternehmung für sich allein (ceteris paribus) ihre Anlagen ausdehnt. Wenn alle Unternehmen gleichmäßig expandieren, sollen die Skalenerträge, gesamtwirtschaftlich gesehen, in der üblichen Weise konstant sein. Man kann sich das z. B. so vorstellen, daß mit der gleichmäßigen Ausweitung der Betriebe durch Investitionen Verbesserungen der Infrastruktur des Landes verbunden sind, die mehr oder weniger unterbleiben, wenn nur einzelne Unternehmungen expandieren, so daß sich in diesem Fall ertragsgesetzliche Wirkungen bemerkbar machen. Nur eine gleichmäßige Expansion habe die entsprechenden Skalenerträge zur Folge. Es handelt sich also um eine Art von „external economies which result from the general progress of industrial environment"[1], zu denen die einzelne Unternehmung allein nichts beitragen kann. Vielmehr ergibt sich ein Vorteil „derived by individual producers from the growth, not of their own individual undertakings, but of the industry in its aggregate"[2]. Daß der einzelne durch seine Ausdehnung einen notwendigen Beitrag zur Entstehung externer Vorteile leistet, wird von ihm ebensowenig in sein Kalkül einbezogen, wie ein Mengenanpasser den Einfluß notiert, der von seiner Mengenvariation in Verbindung mit einer entsprechenden Mengenvariation bei allen seinen Konkurrenten auf den Marktpreis ausgeübt wird. Nicht das Wachstum einer einzelnen Unternehmung, sondern die gleichmäßige Ausdehnung aller Unternehmungen soll "Economies of Scale" herbeiführen. Eine derartige gleichmäßige Expansion soll im folgenden angenommen werden. Es sei also vorausgesetzt, daß sich die Gesamtinvestition einer Periode τ

(4) $$I(\tau) = \sum_{i=1}^{z} I_i(\tau)$$

gleichmäßig auf alle z Unternehmungen verteilt:

(4') $$I_i(\tau) = I(\tau)/z,$$

---

[1] A. *Marshall*, Principles of Economics, 5th ed., London 1907, S. 441.
[2] P. *Sraffa*, The Laws of Returns Under Competitive Conditions, „The Economic Journal", Vol. 36 (1926), abgedr. in: Readings in Price Theory, London 1953, S. 183.

was im übrigen auch damit übereinstimmt, daß alle Unternehmungen gemäß (3') die gleiche Investitionsnachfrage entfalten. Wegen (2') ist dann auch n_i für alle i gleich. Die Gesamtnachfrage nach Arbeitskräften zur Bedienung der Kapitalgüter der Periode τ

(5) $$n(\tau) = \sum_{i=1}^{z} n_i(\tau)$$

verteilt sich somit ebenfalls gleichmäßig auf alle z Unternehmungen:

(5') $$n_i(\tau) = n(\tau)/z \, .$$

Bei Gültigkeit der Voraussetzung (4') sollen nun die Skalenerträge der Gesamtwirtschaft konstant sein. Für

(6) $$y(\tau) = \sum_{i=1}^{z} y_i(\tau)$$

soll die gesamtwirtschaftliche Produktionsfunktion lauten:

(6') $$y(\tau) = A \cdot I(\tau)^{1-\beta} n(\tau)^{\beta}, \quad A > 0 \, .$$

Nun folgt ja aus (1) mit (4'), (5') und (6):

$$y(\tau) = z^{1-\alpha-\beta} \cdot B(\tau) \cdot I(\tau)^{\alpha} n(\tau)^{\beta} \, .$$

Infolgedessen hat bei einer gleichmäßigen Expansion der Parameter $B(\tau)$ (ohne daß dies in der einzelnen Unternehmung realisiert würde) den Wert:

(7) $$B(\tau) = A \cdot \left(\frac{I(\tau)}{z}\right)^{1-\alpha-\beta} \, .$$

Er nimmt mit steigender allgemeiner Investitionstätigkeit zu, allerdings mit abnehmender Rate. Setzt man den Wert für $B(\tau)$ in (2') und (3') ein, so erhält man mit (4') und (5') die gesamte Arbeits- und Investitionsnachfrage eines Jahrgangs τ:

(8) $$n(\tau) = \left(\frac{\beta A}{l}\right)^{\frac{1}{1-\beta}} \cdot I(\tau)$$

und

(9) $$I^N(\tau) = \left[\alpha^{1-\beta}\left(\frac{\beta}{l}\right)^{\beta} A\right]^{\frac{1}{1-\alpha-\beta}} \cdot I(\tau) \cdot r(\tau)^{-\frac{1-\beta}{1-\alpha-\beta}} \, .$$

Wenn alle je produzierten Investitionsgüter im Zeitpunkt t noch vorhanden wären, ergäbe sich in diesem Zeitpunkt ein Kapitalstock in Höhe von

$$(10) \qquad K^*(t) = \int_{-\infty}^{t} I(\tau) \, d\tau$$

und somit nach (8) eine Beschäftigung in Höhe von

$$(11) \qquad N^*(t) = \int_{-\infty}^{t} n(\tau) \, d\tau = \left(\frac{\beta A}{l}\right)^{\frac{1}{1-\beta}} \cdot K^*(t).$$

Die entsprechende Produktionshöhe Y^* läßt sich mit (6') und (8) errechnen als

$$Y^*(t) = \int_{-\infty}^{t} y(\tau) \, d\tau = A \int_{-\infty}^{t} \left(\frac{\beta A}{l}\right)^{\frac{\beta}{1-\beta}} \cdot I(\tau) \, d(\tau)$$

$$= A \left[\int_{-\infty}^{t} I(\tau) \, d\tau\right]^{1-\beta} \left[\int_{-\infty}^{t} \left(\frac{\beta A}{l}\right)^{\frac{1}{1-\beta}} \cdot I(\tau) \, d\tau\right]^{\beta}$$

$$= A \cdot K^*(t)^{1-\beta} \cdot N^*(t)_\beta .$$

Mit (11) folgt daraus:

$$(12) \qquad Y^*(t) = \sigma \cdot K^*(t), \quad \sigma = \left[A \left(\frac{\beta}{l}\right)^{\beta}\right]^{\frac{1}{1-\beta}}.$$

Unter Berücksichtigung der in den einzelnen Perioden erfolgten Abschreibungen $D(\tau)$, deren Höhe unten noch erörtert wird, ist der tatsächliche Kapitalstock aber im Unterschied zu (10) nur

$$(10') \qquad K(t) = K^*(t) - \int_{-\infty}^{t} D(\tau) \, d\tau ,$$

die tatsächliche Beschäftigungshöhe somit:

$$(11') \qquad N(t) = \left(\frac{\beta A}{l}\right)^{\frac{1}{1-\beta}} \cdot K(t)$$

und das Bruttosozialprodukt

$$(12') \qquad Y(t) = \sigma \cdot K(t).$$

Die Konsumnachfrage, $C = l \cdot N$, werde stets befriedigt. Mit (11') und (12') und nach Einsetzen für σ ist dann

(13) $$C(t) = \beta \cdot Y(t) .$$

Infolgedessen beträgt die Bruttoinvestition, also das Investitionsangebot:

(14) $$I(t) = Y(t) - C(t) = (1 - \beta) \cdot Y(t) .$$

Die Nettoinvestition ist mit (10) und (10'):

(15) $$\dot{K}(t) = I(t) - D(t) ,$$

d. h. sie entspricht der Differenz von Bruttoinvestitionen und Abschreibungen.

III.

1. Das Wachstum vollzieht sich in der geschilderten Wirtschaft durch Investitionen, die bei dem gegebenen Reallohn von einer entsprechenden Zunahme des Arbeitseinsatzes begleitet sind, so daß die abnehmenden Grenzerträge des Kapitals kompensiert werden. Konjunkturschwankungen können in dieser Wirtschaft durch Marktungleichgewichte entstehen. Da sowohl der Arbeits- als auch der Konsumgütermarkt annahmegemäß stets ausgeglichen sind, können Marktungleichgewichte nur auf dem hier ganz im klassischen Sinne verstandenen Kapitalmarkt entstehen, der durch die Investitionsnachfrage und das Investitionsangebot (= Angebot an Ersparnissen) definiert ist. Gemäß (9) fällt die Investitionsnachfrage mit steigendem Zins, und zwar so, daß bei gegebenem Investitionsangebot auf dem Kapitalmarkt stets ein Gleichgewicht ($I^N = I$) existiert, bei dem der Zinssatz die Höhe.

(16) $$r^* = \alpha \left(\frac{\beta}{l}\right)^{\frac{\beta}{1-\beta}} \cdot A^{\frac{1}{1-\beta}}$$

hat. Wenn es aber zu Ungleichgewichten und damit zu Konjunkturschwankungen kommen soll, darf sich das Gleichgewicht nicht automatisch einstellen, vielmehr müssen in den einzelnen Perioden Differenzen zwischen Kapitalangebot und -nachfrage auftreten, die in Unvollkommenheit des Marktes begründet sein können. Man könnte nun die übliche Annahme machen, daß bei einer Übernachfrage der Zinssatz steigt, und daß er bei einem Überangebot fällt. Mit dieser Hypothese würde man, wie sich zeigen läßt, eine gleichmäßige Anpassung an das Gleichgewicht erhalten, die (zumindest ohne gleichbleibende) Schwankungen verläuft. Eine Annahme, mit der sich Konjunkturschwankungen erzeugen lassen — ohne daß damit etwas über ihre Realistik ausgesagt sein soll! — ist folgende: Wenn sich der Zinssatz kontinuierlich in der Zeit bewegt, so weist er in einem Zeitpunkt t eine Wachstumsrate in Höhe von $\hat{r} = d\log r/dt$ auf (die auch gleich Null oder negativ sein kann). Ist nun das Investitionsangebot größer als die Investitionsnachfrage, also $I > I^N$, so soll diese Wachstumsrate sinken, im entgegengesetzten Fall steigen. Dieser Zinsmechanismus lasse sich ausdrücken durch die Funktion

(17) $$\dot{\hat{r}} = \delta (\log I^N - \log I),$$

in der ϱ eine positive Konstante für die Anpassungsgeschwindigkeit ist.

2. Liegt der Zins unter dem Gleichgewichtswert, dann ist die Investitionsnachfrage größer als das Investitionsangebot, so daß ein Teil der Nachfrage unbefriedigt bleibt. Liegt er über dem Gleichgewichtswert, dann ist die Investitionsnachfrage kleiner als das Investitionsangebot. Ein Teil der angebotenen Investitionsgüter kann nicht verkauft werden. Dies würde, wenn man den Keynesschen Aspekt berücksichtigen würde, die Unternehmer dazu veranlassen, ihre Produktion entsprechend einzuschränken. Hier soll jedoch angenommen werden, damit der klassische Rahmen erhalten bleibt, daß die Unternehmer trotz der Absatzkrise weiterhin ihre verfügbaren Anlagen voll ausnutzen. Allerdings soll eine relative Absatzeinschränkung in der Rezession durch die Annahme einbezogen werden, daß die nicht verkauften Investitionsgüter die Kapazität nicht erhöhen, sondern daß sie, weil sie nicht benutzt und somit auch nicht instand gehalten werden, der Verschrottung anheimfallen. Infolgedessen treten bei einem Überangebot auf dem Kapitalmarkt Abschreibungen in Höhne von $I - I^N$ auf. Dies seien die einzigen Abschreibungen, die berücksichtigt werden, so daß insgesamt

(18) $$D(t) = \begin{cases} I(t) - I^N(t) & \text{für } I > I^N \\ 0 & \text{für } I \leq I^N \end{cases}$$

gilt. Diese Annahme hat, wie man bemerken wird, keinen Einfluß auf die sich ergebenden Schwankungen der Nachfrage. Sie überträgt diese aber teilweise auf die Entwicklung des Angebots. Insgesamt wird das Ergebnis erzielt, daß der Kapazitätszuwachs und damit die Produktionssteigerung bei einer Übernachfrage durch das Angebot und bei einem Überangebot durch die Nachfrage beschränkt wird.

IV.

1. Aus (9) kann man die Änderung in der Wachstumsrate $\hat{I}^N$ der Investitionsnachfrage berechnen:

(19) $$\dot{\hat{I}}^N = \dot{\hat{I}} - \frac{1-\beta}{1-\alpha-\beta} \dot{\hat{r}}.$$

Mit (17) folgt daraus:

(19') $$\dot{\hat{I}}^N = \dot{\hat{I}} + \varrho \frac{1-\beta}{1-\alpha-\beta} \log \frac{I}{I^N}.$$

Wie im Anhang gezeigt wird, hat diese Differentialgleichung die Lösung:

(20) $$I^N = I(t) \cdot e^{\lambda \cos(\gamma t - \Theta)},$$

bzw.

(20') $$\log I^N = \log I(t) + \lambda \cdot \cos(\gamma t - \Theta),$$

mit $\gamma = \cdot \sqrt{\varrho \frac{1-\beta}{1-\alpha-\beta}}$ und λ und Θ aus Anfangsbedingungen.

Nimmt man als Ausgangspunkt für $t = 0$ einen Gleichgewichtszustand ($I^N(0) = I(0)$) mit $\hat{I}^N(0) > \hat{I}(0)$, so folgt aus (20'):

(21) $$\Theta = \pi/2, \quad \lambda = \frac{\hat{I}^N(0) - \hat{I}(0)}{\gamma}.$$

Für (20') kann man dann endgültig schreiben:

(20'') $$I^N = I(t) \cdot e^{\lambda \sin \gamma t},$$

bzw.

(20''') $$\log I^N = \log I(t) + \lambda \sin \gamma t.$$

Die Investitionsnachfrage schwankt um das Investitionsangebot. Je größer $\hat{I}^N(0) - \hat{I}(0)$ ist, um so größer ist die Amplitude der Schwingungen. Je größer γ (d. h. je größer ceteris paribus α, β oder ϱ), desto kleiner ist die Amplitude, aber desto größer die Frequenz der Schwingungen. Relativ bleibt die Amplitude im Zeitablauf gleich, absolut wird sie größer.

2. Aus (15) und (18) folgt $\dot{K} = I$ für $I \leq I^N$ und $\dot{K} = I^N$ für $I > I^N$. Aus (14) und (12') folgt $\dot{I} = \sigma(1 - \beta)\dot{K}$. Somit ist

$$\dot{I} = \begin{cases} \sigma(1-\beta)I & \text{für } I \leq I^N \\ \sigma(1-\beta)I^N & \text{für } I > I^N \end{cases}$$

Unter Benutzung von (20'') ergibt sich für $\hat{I} = \dfrac{d}{dt} \log I$:

(22) $$\hat{I} = \begin{cases} \sigma(1-\beta) & \text{für } I \leq I^N \\ \sigma(1-\beta) \cdot e^{\lambda \sin \gamma t} & \text{für } I > I^N \end{cases}$$

Auch die Entwicklung des Investitionsangebots weist somit Schwankungen auf. Zwar wächst I mit einer konstanten Rate für $I^N \geq I$ (wobei die Wachstumsrate in der üblichen Weise dem Produkt aus der Kapitalproduktivität σ und der Sparquote $1 - \beta$ entspricht), aber für $I^N < I$ wird die Rate wegen der auftretenden Kapitalverluste kleiner. Die Investition sinkt von dem ursprünglich eingeschlagenen Pfad ab, auf den sie auch nicht wieder hochkommt. Allerdings wird bei Beendigung des Überangebots die konstante Wachstumsrate wieder erreicht. Im folgenden Diagramm ist die Entwicklung des Investitionsangebots und der

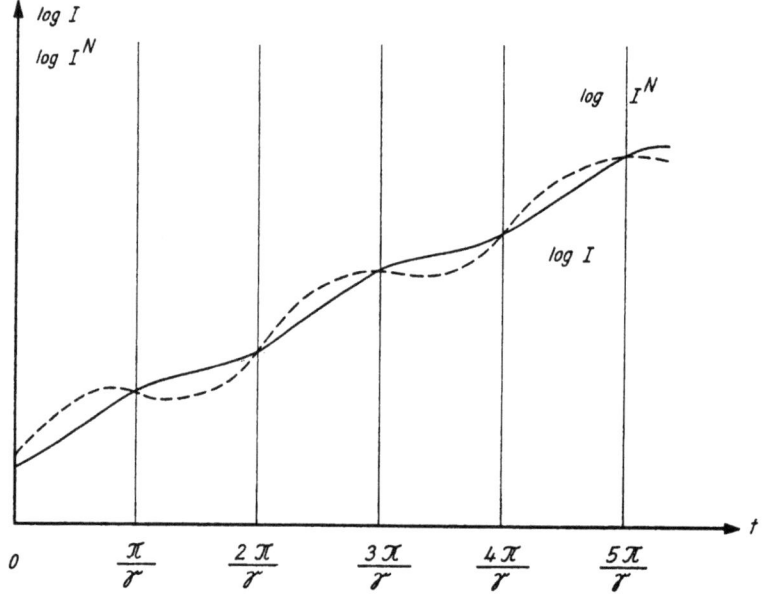

darum schwankenden Investitionsnachfrage graphisch dargestellt. Man kann sich ohne Schwierigkeiten klar machen, daß der Trend der Entwicklung um so steiler verläuft, je schwächer die Schwankungen der Nachfrage um das Angebot sind.

3. Die Entwicklung von Y folgt den Bewegungen von I, denn wegen (14) ist

$$Y = \frac{1}{1-\beta} I \text{ bzw. } \log Y = \log I + |\log (1-\beta)|.$$

Für die Entwicklung des Zinssatzes folgt aus (17) mit (20''):

$$\dot{\hat{r}} = \varrho \cdot \log e^{\lambda \sin \gamma t} = \varrho \lambda \sin \gamma t.$$

Zweimalige Integration liefert

(23) $$\log r = -\frac{\varrho \lambda}{\gamma^2} \sin \gamma t + C_1 t + C_2$$

mit C_1 und C_2 als Integrationskonstanten. Für $\sin \gamma t = 0$ ist nach (20'') $I^N = I$, somit hat man hier den bereits in (16) angegebenen Gleichgewichtszinssatz

$$r^* = \alpha \left(\frac{\beta}{l}\right)^{\frac{\beta}{1-\beta}} \cdot A^{\frac{1}{1-\beta}}.$$

Wegen $\log r^* = C_1 t + C_2$ (aus (23)) folgt:

(23') $$\log r = -\frac{\varrho \lambda}{\gamma^2} \sin \gamma t + \log r^*.$$

Der Zinssatz schwankt somit um sein Gleichgewichtsniveau r^*.

Anhang

Lösung der Differentialgleichung (19').

Es ist $\dot{\hat{I}} = \dfrac{d}{dt}\left(\dfrac{d \log I}{dt}\right) = (\log I)^{\cdot\cdot}$, entsprechend für I^N.

Für $\gamma^2 = \varrho \dfrac{1-\beta}{1-\alpha-\beta}$ wird (19') zu

$$(\log I^N)^{\cdot\cdot} = (\log I)^{\cdot\cdot} + \gamma^2 (\log I - \log I^N)$$

$$(\log I^N - \log I)^{\cdot\cdot} = -\gamma^2 (\log I^N - \log I)$$

$$z = \log I^N - \log I$$

$$\ddot{z} = -\gamma^2 \cdot z\,.$$

Das ist eine homogene Differentialgleichung zweiter Ordnung mit der bekannten Lösung

$$z = \lambda \cdot \cos(\gamma t - \Theta)$$

mit λ und Θ als Integrationskonstanten.

Rücksubstitution liefert:

$$\log I^N - \log I = \lambda \cos(\gamma t - \Theta)\,.$$

Printed by Libri Plureos GmbH
in Hamburg, Germany